AF667644

Hausverwaltung
im Eigentum
2. Auflage

Honorar,
Betriebskostenabrechnung,
Verwalterwechsel

Alle Rechte
und Pflichten

Die
wichtigsten
Gerichtsurteile

Verein für Konsumenteninformation (Hrsg.)
Martin Gruber, Erwin Bruckner

Hausverwaltung im Eigentum

2. Auflage

Impressum

Herausgeber
Verein für Konsumenteninformation (VKI)
Mariahilfer Straße 81, 1060 Wien
ZVR-Zahl 389759993
Tel. 01 588 77-0, Fax 01 588 77-73, E-Mail: konsument@vki.at
vki.at | www.konsument.at

Geschäftsführung
Mag.(FH) Wolfgang Hermann

Autoren
Martin Gruber
Erwin Bruckner

Produktion
Günter Hoy

Foto Umschlag
S. Kuelc/Shutterstock.com

Stand
April 2023

Druck
Gerin Druck GmbH,
2120 Wolkersdorf

Bestellungen
KONSUMENT Kundenservice
Mariahilfer Straße 81, 1060 Wien
Tel. 01 588 774, Fax 01 588 77-72
E-Mail: kundenservice@konsument.at

Wir sind bemüht, so weit wie möglich geschlechtsneutrale Formulierungen zu verwenden. Wo uns dies nicht gelingt, gelten die entsprechenden Begriffe im Sinne der Gleichbehandlung grundsätzlich für beide Geschlechter.

Bibliografische Information der Deutschen Nationalbibliothek
Die Deutsche Nationalbibliothek verzeichnet diese Publikation in der Deutschen Nationalbibliografie; detaillierte bibliografische Daten sind im Internet über http://dnb.d-nb.de abrufbar.

Verein für Konsumenteninformation
ISBN 978-3-99013-116-9

€ 25,–

Zu diesem Buch

Liebe Leser!

Sie sind stolzer Besitzer einer Eigentumswohnung. Sie müssen keine Miete bezahlen. Trotzdem sind Sie mit monatlichen Vorschreibungen einer Hausverwaltung konfrontiert. Die letzte Jahresabrechnung wollten Sie sich schon länger einmal näher ansehen. Wie hoch ist eigentlich die Rücklage dotiert? Und welche zu erwartenden Reparaturkosten stehen den Rücklagen gegenüber? Ein Nachbar sammelt Unterschriften für die Umgestaltung seiner Terrasse. In einer anderen Wohnung bellt oft stundenlang ein Hund. Und am Schwarzen Brett hängt ein Zettel: Die Errichtung eines Handymastens am Dach sei geplant. Eine Eigentümerversammlung hat es schon seit Jahren nicht mehr gegeben.

Als Wohnungeigentümer haben Sie Rechte und Pflichten. Gegen Störungen können Sie sich zur Wehr setzen. Die Mitwirkung an der internen Willensbildung steht Ihnen auch dann offen, wenn ein Verwalter bestellt ist. Für viele Maßnahmen reicht ein Mehrheitsbeschluss der Wohnungseigentümer aus. Andere bedürfen der Einstimmigkeit.

Wenn Sie zum Beispiel interessiert, welche Individualrechte Ihnen als Wohnungseigentümer zustehen, was genau die Aufgaben und Pflichten eines Verwalters sind und wie ein Verwaltungsvertrag gekündigt werden kann, ist dieses Buch genau das richtige für Sie.

Wir haben uns bemüht, die auf den ersten Blick nicht immer leicht verständlichen Regelungen des Wohnungseigentumsgesetzes möglichst lesbar darzustellen. Fast allen Beispielen im Buch liegen Sachverhalte aus Gerichtsentscheidungen zugrunde. Nur an manchen Stellen haben wir – als Argumentationshilfe für Sie – Auszüge aus Gerichtsentscheidungen im Originaltext in das Buch einfließen lassen. Für die häufigsten Fragen sind Sie mit diesem Buch dann gut gewappnet.

Ihr KONSUMENT-Team

Inhalt

Grundsätzliches rund ums Wohnungseigentum

Auf Fragen der Nutzung und Verwaltung im Wohnungseigentum und vor allem auf die Pflichten des Verwalters werden wir später noch ausführlich zu sprechen kommen. Dieses Kapitel bietet zunächst grundsätzliche Informationen zum Thema Wohnungseigentum und eine Erklärung der Begriffe, wie sie in diesem Buch verwendet werden.

Liegenschaft

Die korrekte Bezeichnung für eine unbewegliche Sache lautet Liegenschaft. Für jede Liegenschaft in Österreich gibt es im öffentlichen Grundbuch, das bei den Bezirksgerichten geführt wird, eine eigene Einlagezahl. Die Liegenschaft kann auch aus mehreren Grundstücken (Parzellen) bestehen, die dann rechtlich eine Einheit darstellen.

Der Eigentümer der Liegenschaft ist grundsätzlich immer auch Eigentümer eines auf der Liegenschaft errichteten Gebäudes. Ausnahmen von diesem Grundsatz stellen nur das Superädifikat und das Baurecht dar.

Alleineigentum und Miteigentum

Im schlichten Miteigentum bedarf es meist einer Benützungsvereinbarung

Eine Liegenschaft (samt Gebäude) kann im Alleineigentum einer Person oder aber im Miteigentum mehrerer Personen stehen. Dieses Eigentum zwischen Miteigentümern ist nicht real (räumlich) getrennt, etwa nach Stockwerken oder Wohnungen, sondern nach ideellen Anteilen aufgeteilt. Das heißt, jedem Miteigentümer gehört die gesamte Liegenschaft (und mit ihr jeder einzelne Ziegelstein des Gebäudes) zu einem gewissen Prozentsatz. Um den Unterschied zum Wohnungseigentum zu betonen, wird diese Form von Miteigentum oft auch als „schlichtes" Miteigentum bezeichnet.

Die Frage, welche Liegenschafts- und Gebäudeteile die (schlichten) Miteigentümer in welchem Umfang benützen dürfen, ist durch das Verhältnis ihrer ideellen Anteile noch nicht geklärt. Dazu bedarf es einer Benützungsregelung (Benützungsvereinbarung) zwischen sämtlichen Miteigentümern. Solche Vereinbarungen geben oft Anlass zu Streit. Spätestens wenn es zur Rechtsnachfolge kommt – etwa, weil ein Miteigentumsanteil vererbt oder verkauft wird – können hier Probleme auftreten; vor allem, wenn die Benützungsregelung nicht im Grundbuch ersichtlich gemacht wurde.

Wohnungseigentum

Das Wohnungseigentum ist eine Sonderform des Miteigentums an einer Liegenschaft. Wie beim (schlichten) Miteigentum liegt auch hier kein real geteiltes Eigentum vor, sondern der Wohnungseigentümer hält einen ideellen Anteil an der gesamten Liegenschaft (mit Gebäude). Damit verbunden ist jedoch das Recht, ein Objekt – z.B. eine Wohnung oder eine Geschäftsräumlichkeit – ausschließlich zu nutzen und allein darüber zu verfügen. Im Unterschied zum (schlichten) Miteigentum liegt damit eine gesetzlich besonders geregelte Form der Benützungsvereinbarung zwischen den Miteigentümern einer Liegenschaft vor. Mit jedem einzelnen Miteigentumsanteil wird das Nutzungsrecht an einem bestimmten Objekt verbunden. Gleichzeitig werden auch die Rechte und Pflichten der Miteigentümer festgelegt. Das Wohnungseigentum ist ein besonders starkes Recht, weil es im Grundbuch eingetragen wird (dingliches Recht). Die gesetzlichen Regelungen sind im Wohnungseigentumsgesetz (WEG) enthalten.

Wohnungseigentum kann an Wohnungen (unabhängig von der Ausstattung) oder sonstigen Räumlichkeiten (Geschäftsräumlichkeiten, Büros, Lagerräume und Garagenboxen) begründet werden. Für jedes Wohnungseigentumsobjekt muss es aber einen eigenen Zugang von den Allgemeinflächen geben. Einzelne Räume einer Wohnung oder eines Geschäftes sind für sich allein nicht wohnungseigentumsfähig. Ebensowenig Räumlichkeiten, die der allgemeinen Benützung dienen oder deren Zweckbestimmung eine ausschließliche Benützung durch einzelne Wohnungseigentümer nicht zulässt. Dazu gehören z.B. der Heizraum, ein Hobbyraum, das Stiegenhaus und die Gänge.

An allgemeinen Hausteilen ist kein Wohnungseigentum möglich

Ein Wohnungseigentumsobjekt liegt freilich immer erst dann vor, wenn das Wohnungseigentum daran im Grundbuch eingetragen worden ist.

Sonderfall Kfz-Abstellplatz

Die Abstellplätze für Kraftfahrzeuge können als allgemeiner Teil der Liegenschaft im Eigentum aller Wohnungseigentümer verbleiben. In diesem Fall muss für die Nutzung eine eigene Regelung getroffen werden. Seit 1.7.2002 können Abstellplätze für Kraftfahrzeuge aber auch eigenständige Wohnungseigentumsobjekte sein. Darunter versteht man eine deutlich abgegrenzte Bodenfläche, die ausschließlich zum Abstellen eines Kraftfahrzeuges gewidmet ist. Eine selbstständige Räumlichkeit ist hier ausnahmsweise nicht erforderlich. Die Abgrenzung wird im Regelfall durch Bodenmarkierungen erfolgen. Stellflächen auf Parkwippen oder Stapelparkeranlagen gelten inzwischen ebenfalls als wohnungseigentumsfähig.

Innerhalb einer Sperrfrist von drei Jahren ab Wohnungseigentumsbegründung dürfen nur Wohnungseigentümer einer Wohnung oder eines selbstständigen Geschäftsraumes Wohnungseigentum an einem Kfz-Abstellplatz erwerben. Ein Kaufvertrag, der entgegen dieser Vorschrift abgeschlossen wird, ist nichtig (5 Ob 121/22p). Diese Einschränkung und die weitere Beschränkung innerhalb der Sperrfrist, nur ein Kfz-Abstellplatz im Wohnungseigentum je Eigentumswohnung oder selbstständiger Geschäftsraum, gilt allerdings nicht für den hauptverantwortlichen Wohnungseigentumsorganisator. Dies bedeutet, dass der Wohnungseigentumsorganisator auch an mehreren (sogar an allen) Abstellplätzen selbstständiges Wohnungseigentum begründen darf.

Beispiel

Frau Y. ist Wohnungseigentümerin. An der Liegenschaft wurde im Jahr 1998 Wohnungseigentum begründet. Damals wurde ein Kfz-Abstellplatz als Zubehör mit der Eigentumswohnung von Frau Y. verbunden. Seit 1.7.2002 kann eine solche rechtliche Konstruktion nicht mehr neu geschaffen werden. Bei zuvor begründetem „Kfz-Abstellflächen-Zubehör" besteht die Möglichkeit, durch Teilungserklärung des betreffenden Wohnungseigentümers den Abstellplatz in ein selbstständiges Wohnungseigentumsobjekt zu überführen und damit in der Folge auch gesondert zu veräußern. Die Zustimmung der anderen Wohnungseigentümer ist dazu nicht erforderlich. Wenn der Nutzwert der Kfz-Abstellfläche zweifelsfrei aus der früheren Nutzwertermittlung erkennbar ist, kann Frau Y. dessen „Verselbstständigung" beim Grundbuchgericht beantragen, ohne dass es einer Neufestsetzung der Nutzwerte bedarf. Hat Frau Y. an der Liegenschaft zunächst einen Mindestanteil im Ausmaß von 13/850 (für die Wohnung samt „Kfz-Abstellflächen-Zubehör") besessen, so hält sie nach der „Abspaltung" zwei Mindestanteile an der Liegenschaft, die z.B. 12/850 (für die Wohnung) und 1/850 (für die Kfz-Abstellfläche) betragen.

Nach den Rechtsvorschriften bis 1.7.2002 konnten Abstellplätze für Kraftfahrzeuge nur als Zubehör-Wohnungseigentum mit den einzelnen Wohnungseigentumsobjekten verbunden werden. Solche „Zubehör-Abstellplätze" können nun zu selbstständigen Wohnungseigentumsobjekten abgespalten werden. Die Zustimmung der übrigen Wohnungseigentümer ist dazu nicht erforderlich.

Zubehör-Wohnungseigentum

Unter Zubehör-Wohnungseigentum versteht man das Recht eines Wohnungseigentümers, andere Teile der Liegenschaft, an denen selbstständiges Wohnungseigentum nicht bestehen kann, ausschließlich zu nutzen. Es kann sich um Keller- und Dachbodenräume, Hausgärten oder Lagerplätze handeln, die mit dem Wohnungseigentumsobjekt nicht verbunden sind, aber deutlich abgegrenzt und von den Allgemeinflächen her zugänglich sind. Dieses Zubehör ist bei der Nutzwertfestsetzung entsprechend zu berücksichtigen und erhöht den Nutzwert des verbundenen Wohnungseigentumsobjektes.

Zubehör erhöht den Nutzwert

Mit 1.1.2015 (Inkrafttreten der Wohnrechtsnovelle 2015) hat der Gesetzgeber klargestellt, dass eine gesonderte Eintragung des Zubehörs im Grundbuch grundsätzlich nicht erforderlich ist. Das Zubehör ist von der Eintragung des Wohnungseigentumsobjektes (Hauptobjektes) miterfasst, sofern sich seine Zuordnung zum Hauptobjekt und seine Eigenschaft als Zubehör aus dem Wohnungseigentumsvertrag in Zusammenhang mit dem Nutzwertgutachten eindeutig ergibt.

Wer kann Wohnungseigentümer sein?

Wohnungseigentümer kann immer nur eine Person (und zwar sowohl eine natürliche als auch eine juristische Person) oder eine Eigentümerpartnerschaft sein. Die Eigentümerpartnerschaft ist die Rechtsgemeinschaft zweier natürlicher Personen, die gemeinsam Wohnungseigentümer eines Objektes

Nicht nur Ehegatten können Eigentümerpartner sein

sind. Im Gegensatz zur früheren Rechtslage (vor 1.7.2002) ist dieses gemeinsame Wohnungseigentum nicht mehr auf Ehegatten beschränkt. Nun können zwei natürliche Personen unabhängig vom Geschlecht oder Verwandtschaftsverhältnis gemeinsam, als Eigentümerpartner, Wohnungseigentum an einem Wohnungseigentumsobjekt erwerben.

Die Eigentümerpartner werden mit jeweils dem halben Mindestanteil und dem Vermerk „Verbindung gemäß §§ 5, 13 WEG 2002" im Grundbuch eingetragen. Stirbt ein Partner oder wird das gemeinsame Wohnungseigentum aufgehoben, z.B. nach einer Ehescheidung oder Aufhebung einer eingetragenen Partnerschaft, sind in den Bestimmungen des Wohnungseigentumsgesetzes detaillierte Regelungen vorgesehen, wie weiter zu verfahren ist. Die Eigentümerpartner können aber durch schriftliche Vereinbarung bereits zu Lebzeiten festlegen, wem im Todesfall der Anteil des verstorbenen Eigentümerpartners zukommen soll.

Eigentümergemeinschaft

Alle Wohnungseigentümer gemeinsam bilden die Eigentümergemeinschaft einer Liegenschaft. Dieser kommt bei der Bewirtschaftung des Gebäudes maßgebende Bedeutung zu: Sie besitzt eine eigene Rechtspersönlichkeit, geht in Angelegenheiten der Verwaltung Verbindlichkeiten ein (z.B. Auftragserteilung an Handwerker) und sie kann klagen und geklagt werden. Vertreten wird die Eigentümergemeinschaft im Regelfall durch einen Verwalter (► Seite 63).

Voraussetzung für die Begründung von Wohnungseigentum

Wohnungseigentum entsteht immer erst mit der Eintragung im Grundbuch. Für die Eintragung sind dem Grundbuchgericht folgende Urkunden vorzulegen:

- die Bescheinigung der Baubehörde oder das Gutachten eines für den Hochbau zuständigen Ziviltechnikers bzw. Immobiliensachverständigen über alle selbstständigen Objekte im Gebäude und die vorhandenen Kfz-Abstellplätze auf der Liegenschaft. Diese Bescheinigung ist aufgrund der genehmigten (Um-)Baupläne zu erstellen und kann daher bereits vor Fertigstellung des Bauvorhabens, nur aufgrund der Baugenehmigung, ausgefertigt werden;
- das Gutachten eines Ziviltechnikers oder eines Sachverständigen über die Nutzwertberechnung. Aus dem Nutzwert je Wohnung (sonstiger selbstständiger Räumlichkeit, Kfz-Abstellplatz) ergibt sich auch der sogenannte Mindestanteil jedes Wohnungseigentümers;
- der Wohnungseigentumsvertrag zwischen allen Miteigentümern der Liegenschaft oder eine gerichtliche Entscheidung über die Wohnungseigentumsbegründung.

Einen Sonderfall stellt das sogenannte „vorläufige Wohnungseigentum" dar. Dieses soll dem Alleineigentümer einer Liegenschaft die optimale Vorbereitung des Abverkaufes der einzelnen Objekte ermöglichen („Vorratsteilung"). Anstelle des Wohnungseigentumsvertrages tritt hier zunächst das Wohnungseigentumsstatut, das vom Alleineigentümer errichtet wird, in Kraft. Regelungen im Statut, die für künftige Wohnungseigentümer Nachteile bringen könnten, sind unwirksam. Dazu gehören z.B. vom Gesetz abweichende Kostenverteilungsregeln oder benachteiligende Benützungsregelungen über allgemeine Hausteile. Sobald der erste Käufer eines Objektes im Grundbuch eingetragen wird, geht das „vorläufige Wohnungseigentum" an sämtlichen Objekten der Liegenschaft in echtes Wohnungseigentum über.

Die „Vorratsteilung" kommt in der Praxis selten vor

Nutzwert und Mindestanteil

Im Rahmen der Nutzwertermittlung werden alle Wohnungen und sonstigen selbstständigen Räumlichkeiten eines Hauses bewertet. Sollen die Kfz-Abstellplätze nicht im gemeinsamen Eigentum bleiben, sondern als eigene Objekte verkauft werden, muss auch für diese ein Nutzwert fest-

Wie der Nutzwert ermittelt wird

Auf einer Liegenschaft befindet sich ein Haus mit drei Wohnungen und einem Geschäftslokal. Die Wohnungen haben die gleiche Ausstattung, jedoch ist eine straßenseitig, die anderen sind gartenseitig orientiert. Für das Geschäft wird ein 30-Prozent-Zuschlag berechnet, für die gartenseitigen Wohnungen sind es fünf Prozent.

Wohnungseigentumsobjekt	Nutzfläche in m^2		Faktor für Zuschläge/ Abstriche		Ergebnis	Nutzwert in gerundeten Zahlen
Geschäft	250	x	1,3	=	325,0	325
Whg. 1 (straßens.)	110	x	1,0	=	110,0	110
Whg. 2 (gartens.)	70	x	1,05	=	73,5	74
Whg. 3 (gartens.)	65	x	1,05	=	68,25	68
Summe	495					577

Die Gegenüberstellung zeigt, dass bei einer Gesamtnutzfläche aller vier Objekte von 495 Quadratmetern die Summe der Nutzwerte aller Objekte 577 beträgt. Die festgestellten Nutzwerte geben gleichzeitig die Eigentumsverhältnisse an dieser Liegenschaft wieder: Der Mindestanteil ist der ideelle Miteigentumsanteil an der Liegenschaft, den ein (künftiger) Wohnungseigentümer besitzen muss. Er ergibt sich aus dem Verhältnis des Nutzwertes seiner Wohnung zum Nutzwert aller Nutzungsobjekte. Damit muss der Eigentümer des Geschäftes 325/577-tel Anteile, jener von Wohnung 1 110/577-tel Anteile, jener von Wohnung 2 74/577-tel Anteile und der Eigentümer von Wohnung 3 68/577-tel Anteile an der Gesamtliegenschaft besitzen.

gesetzt werden. Für die Nutzwertermittlung wird oft auch noch der alte Begriff Parifizierung verwendet.

Der Nutzwert eines Wohnungseigentumsobjektes ist jene Zahl, die für die Bestimmung des Miteigentumsanteiles der Wohnungseigentümer an der Liegenschaft, genannt Mindestanteil, maßgebend ist. Als Grundlage der Nutzwerte werden die Nutzflächen der einzelnen Objekte herangezogen. Zur Nutzfläche, die als einfache Zahl übernommen wird, kommen Zu- und Abschläge für werterhöhende oder wertmindernde Unterschiede zwischen den Objekten. Maßgebend hierfür sind Kriterien wie die Widmung (Wohnung oder Geschäft bzw. Büro), die Lage der Wohnung im Haus (Stockwerk etc.) und deren Ausstattung (z.B. Balkon, Terrasse).

Alle Gebäudeteile, die bei der Nutzwertfestsetzung nicht gesondert berücksichtigt worden sind, verbleiben im gemeinsamen Eigentum der Wohnungseigentümer. Dazu gehört das Stiegenhaus, die Hauseinfahrt usw. Werden Keller- und Dachbodenräumlichkeiten nicht als Wohnungseigentumszubehör gewidmet und bei der Nutzwertermittlung entsprechend bewertet, verbleiben sie ebenfalls im gemeinsamen Eigentum.

Wohnungseigentumsvertrag

Einstimmige Sondervereinbarungen

Der Wohnungseigentumsvertrag wird zwischen allen Miteigentümern einer Liegenschaft geschlossen. Darin räumen sich die Miteigentümer (= die künftigen Wohnungseigentümer) wechselseitig das Recht zur ausschließlichen Nutzung und alleinigen Verfügung über eine bestimmte Wohnung, Geschäftsräumlichkeit oder einen bestimmten Kfz-Abstellplatz ein. Neben diesem Mindestinhalt werden mit dem Wohnungseigentumsvertrag in vielen Fällen aber auch noch weitere wichtige Vereinbarungen getroffen. Es handelt sich dabei meist um solche, die zu ihrer Wirksamkeit der Einstimmigkeit bedürfen und folgende Punkte betreffen:

- eine Vereinbarung über die Aufteilung der Kosten der Hausbewirtschaftung bzw. der Reparaturarbeiten
- eine Vereinbarung über abweichende Abrechnungs- und Abstimmungseinheiten
- eine Benützungsregelung für die allgemeinen Teile und Anlagen der Liegenschaft, z.B. über Garagen oder Kfz-Abstellplätze, wenn diese im gemeinsamen Eigentum aller Miteigentümer bleiben

Daneben wird im Wohnungseigentumsvertrag oft auch gleich eine Person (Firma) als Verwalter für das Haus bestellt. Unter Umständen werden dann auch bestimmte Rechte und Pflichten des Hausverwalters vereinbart. Die Verwalterbestellung muss aber nicht im Wohnungseigentumsvertrag erfolgen.

Muster eines Wohnungseigentumsvertrages. Als Beispiel für einen solchen Vertrag dient die Liegenschaft, für die das Berechnungsbeispiel zum Nutzwert (siehe ► Seite 16) erstellt worden ist. Sie steht bereits im Miteigentum von vier Personen, die die Objekte aufgrund einer Benützungsvereinbarung untereinander nutzen. Wegen der größeren Rechtssicherheit wollen sie jetzt Wohnungseigentum begründen. Die Berichtigung der Miteigentumsanteile erfolgt vereinbarungsgemäß unentgeltlich

Vereinbarung zur Begründung von Wohnungseigentum, abgeschlossen zwischen den Miteigentümern der Liegenschaft EZ .... der KG ...., mit der Grundstücksadresse Maiergasse 5.

1. Berichtigung der Anteile

Bisher besteht auf der Liegenschaft nur schlichtes Miteigentum. Nunmehr soll das Wohnungseigentumsrecht an den berichtigten Miteigentumsanteilen einverleibt werden. Aufgrund der Bescheinigung gemäß § 6 WEG und des Nutzwertgutachtens von Herrn Alfred Maier, Ziviltechniker, beide vom 12. Oktober 2010, ergibt sich ein Gesamtnutzwert der Liegenschaft von 577. Die Miteigentümer berichtigen nunmehr unentgeltlich ihre bisherigen Miteigentumsanteile gemäß nachstehender Tabelle:

Name, Geburtsdatum	Objekt	bisherige Anteile	künftige Anteile (= Nutzwert)
		Erdgeschoß	
Max Mustermann, geb.	Geschäftslokal	56/100	325/577
		1. Stock	
Anna Stocker, geb.	Wohnung 1	20/100	110/577
Wolfgang Bauer, geb.	Wohnung 2	12/100	74/577
Heinrich Müller, geb.	Wohnung 3	12/100	68/577

2. Wohnungseigentumsbegründung

Die Vertragspartner räumen einander unentgeltlich und wechselseitig das Recht auf ausschließliche Nutzung und alleinige Verfügung, somit das Wohnungseigentumsrecht gemäß § 2 WEG an den in der Tabelle näher bezeichneten Wohnungen und sonstigen selbstständigen Räumlichkeiten ein.

3. Aufsandungserklärung

Die Vertragspartner erteilen ihre Einwilligung, dass aufgrund dieses Vertrages folgende Eintragungen im Eigentumsblatt bewilligt werden: Die Berichtigung der Anteile erfolgt in der Weise, dass den in Tabellenspalte 1 genannten Miteigentümern die in Tabellenspalte 4 ersichtlichen Miteigentumsanteile zukommen. Weiters wird mit den berichtigten Anteilen das Wohnungseigentum an der aus Tabellenspalte 3 ersichtlichen Wohnung bzw. sonstigen selbstständigen Räumlichkeit verbunden.

Wie werde ich Wohnungseigentümer?

Besteht an einer Liegenschaft bereits Wohnungseigentum, eingetragen im Grundbuch, dann handelt es sich um eine „fertige" Eigentumswohnung und Sie sind gleich Wohnungseigentümer.

Wohnungseigentumsbewerber

Wenn an einer Liegenschaft Wohnungseigentum noch nicht begründet ist und einem Käufer vom Wohnungseigentumsorganisator (Bauträger oder bisheriger Liegenschaftseigentümer) die künftige Einräumung von Wohnungseigentum an einem Objekt schriftlich zugesagt wurde, wird der Käufer als Wohnungseigentumsbewerber bezeichnet. Bis zur Eintragung des Wohnungseigentums im Grundbuch liegt der Benützung des Objektes eine Benützungsvereinbarung der Miteigentümer zugrunde.

Wohnungseigentümer ist man erst mit der entsprechenden Eintragung im Grundbuch

Das Wohnungseigentumsgesetz enthält besondere Schutzvorschriften für Wohnungseigentumsbewerber, die aber erst ab dem Vorliegen der schriftlichen „Zusage der Einräumung des Wohnungseigentums" des Wohnungseigentumsorganisators anwendbar sind. Damit die Zusage auch gegenüber Außenstehenden wirksam wird, muss sie im Grundbuch angemerkt werden. Gleichzeitig wird im Grundbuch ersichtlich gemacht, dass „Wohnungseigentum in Vorbereitung" ist.

Die Anmerkung im Grundbuch schützt den Käufer vor allem davor, dass sein (künftiger) Liegenschaftsanteil noch einmal verkauft oder vertragswidrig belastet wird. Ebenso wird z.B. die Klage auf Aufhebung der Miteigentumsgemeinschaft ausgeschlossen. Und bei Zahlungsunfähigkeit (Insolvenzverfahren) des Wohnungseigentumsorganisators (Bauträgers) kommt dem Wohnungseigentumsbewerber ein Anspruch auf Aussonderung des von ihm Geleisteten zu. Damit wird verhindert, dass die anderen Gläubiger auf die erbrachten Zahlungen des Wohnungseigentumsbewerbers zugreifen können. Verkauft oder vererbt ein Wohnungseigentumsbewerber sein Recht auf künftige Einräumung von

Wohnungseigentum an einem bestimmten Objekt, kann auch die grundbücherliche Anmerkung im ursprünglichen Rang auf den Rechtsnachfolger übergehen.

Ansonsten gilt im Vorstadium (ab Anmerkung der Zusage im Grundbuch) bis zur tatsächlichen Wohnungseigentumsbegründung Folgendes:

- Ab Übergabe der Wohnung hat jeder Wohnungseigentumsbewerber das ausschließliche Nutzungsrecht an seinem Objekt und Anspruch auf eine jährliche Rechnungslegung durch den Hausverwalter.
- Sobald der (schlichte) Miteigentumsanteil des Wohnungseigentumsbewerbers im Grundbuch eingetragen ist, genießt er weitergehende Rechte: Er kann an der Verwaltung des Hauses teilnehmen (z.B. an Abstimmungen) und die Minderheitsrechte des Wohnungseigentumsgesetzes (► Seite 53) stehen ihm zu. Für die anderen Wohnungseigentumsbewerber gelten diese Rechte erst ab dem Zeitpunkt, zu dem ihr späterer Miteigentumsanteil (Vorliegen des Nutzwertgutachtens) bekannt ist. Weitere Voraussetzung ist, dass der Miteigentumsanteil zumindest eines Wohnungseigentumsbewerbers im Grundbuch eingetragen ist.

Eigentümer und Altmieter

Übergang der Vermieterstellung

Als „Altmieter" wird ein Mieter bezeichnet, der eine Wohnung vor Wohnungseigentumsbegründung angemietet hat.

Mit der Wohnungseigentumsbegründung geht die Vermieterstellung bei Altmietern automatisch auf den einzelnen Wohnungseigentümer des betreffenden Objektes über. Dennoch kann ein „Altmieter" unter gewissen Voraussetzungen Ansprüche gegen die Eigentümergemeinschaft geltend machen. Das könnte z.B. ein Investitionskostenersatz oder eine Kautionsrückzahlung sein, falls die Hereinbringung gegen den Vermieter (= einzelner Wohnungseigentümer) scheitert (Ausfallshaftung der Eigentümergemeinschaft).

Das Grundbuch

Das Grundbuch ist ein öffentliches Register, in welches alle Grundstücke und die an ihnen bestehenden dinglichen Rechte eingetragen werden. Die wichtigsten Einrichtungen des Grundbuches sind das Hauptbuch und die Urkundensammlung. Das Grundbuch wird von den einzelnen Bezirksgerichten für den jeweiligen Gerichtssprengel geführt. Die im Grundbuch enthaltenen Eintragungen genießen öffentlichen Glauben: Jedermann darf sich auf ihre Richtigkeit und Vollständigkeit verlassen.

Wohnungseigentümer

Als Wohnungseigentümer sind nur jene Personen anzusehen, die tatsächlich im Grundbuch eingetragen sind und bei denen das Nutzungsrecht an einem bestimmten Wohnungseigentumsobjekt mit ihrem Miteigentumsanteil verbunden ist. Sonderfall: Einantwortung und Zuschlag (► Seite 24).

Im Hauptbuch besteht für jede Liegenschaft eine Grundbuchseinlage, die eine eigene Einlagezahl (EZ) aufweist. Diese Einlage ist in drei sogenannte Blätter eingeteilt: das Gutsbestandsblatt, das Eigentumsblatt und das Lastenblatt.

Das Gutsbestandsblatt (A-Blatt)

Hier ist die Liegenschaft, ihre Größe und Widmungsart kurz beschrieben. Weiters sind allfällige mit dem Eigentum an der Liegenschaft verbundene Rechte und öffentlich-rechtliche Beschränkungen verzeichnet. Auch der Hausverwalter wird angeführt.

Ob an der Liegenschaft bereits Wohnungseigentum besteht, lässt sich auf einen Blick feststellen. In diesem Fall ist in der Aufschrift des Gutsbestandsblattes das „Wohnungseigentum" eingetragen. Besteht erst die Absicht der Wohnungseigentumsbegründung, so wird gleichzeitig mit der erstmaligen Anmerkung einer Zusage zur Wohnungseigentumsbegründung der Vermerk „Wohnungseigentum in Vorbereitung" eingetragen.

Das Eigentumsblatt (B-Blatt)

Aus dem Eigentumsblatt ergibt sich, wer Eigentümer der Liegenschaft ist, bei mehreren Eigentümern auch deren Anteile. Die Anteile sind jeweils in Bruchzahlen angegeben. Nach dem Namen des Eigentümers folgt die Angabe der Urkunde, aufgrund derer das Eigentumsrecht verbüchert worden ist. Daraus kann die Art des Eigentumserwerbes (Kauf, Erbschaft usw.) und das Datum des Vertragsabschlusses ersehen werden. Zu jeder Urkunde ist eine Tagebuchzahl (TZ) angeführt, mit der sie in der Urkundensammlung gefunden werden kann. Weitere wichtige Eintragungen, die im Eigentumsblatt beim jeweiligen Miteigentumsanteil aufscheinen:

- das Wohnungseigentum an einem bestimmten Wohnungseigentumsobjekt; im Falle des Partnerwohnungseigentums werden die Eigentumsanteile der jeweiligen Eigentümerpartner miteinander verbunden; allfälliges Zubehör-Wohnungseigentum wird ebenfalls hier eingetragen
- die Anmerkung der Zusage der künftigen Wohnungseigentumsbegründung an einer bestimmten Wohnung
- die Anmerkung der Rangordnung für die beabsichtigte Veräußerung

Bei der Angabe der Art des Eigentumserwerbs sind häufig zwei Zeilen eingetragen: zunächst „Eigentumsrecht vorgemerkt" und in einer zweiten Zeile, mit einer anderen Tagebuchzahl, „Rechtfertigung". Das bedeutet Folgendes: Unmittelbar nach Kaufvertragsabschluss, aber noch vor Vorliegen aller notwendigen Urkunden, wurde das Eigentumsrecht vorgemerkt. Dies stellt zunächst einen bedingten Eigentumserwerb dar. Mit der Vorlage der fehlenden Urkunden, etwa der Unbedenklichkeitsbescheinigung des Finanzamtes, wird die Eintragung gerechtfertigt und ist damit grundbücherlich abgeschlossen.

Das Lastenblatt (C-Blatt)

Das Lastenblatt enthält die mit dem Liegenschaftseigentum verbundenen Belastungen, etwa Pfandrechte (Hypotheken), Dienstbarkeiten, Veräußerungs- und Belastungsverbote. Ebenso werden hier die Klagen der Eigentümergemeinschaft wegen Zahlungsrückständen eines Miteigentümers angemerkt und Exekutionsmaßnahmen, z.B. Zwangsverwaltung und Zwangsversteigerung, eingetragen. Derartige Belastungen können auf der gesamten Liegenschaft oder nur an einzelnen Miteigentumsanteilen bestehen. Im zweiten Fall wird bei der Belastung immer angeführt, auf welchen Miteigentumsanteil des B-Blattes sie sich bezieht.

Im Lastenblatt werden bei verbüchertem Wohnungseigentum auch Sondervereinbarungen der Wohnungseigentümer eingetragen. Dazu gehören abweichende Kostentragungsvereinbarungen und Benützungsregelungen über Gemeinschaftsanlagen. Auch bei den Eintragungen im C-Blatt ist jeweils eine Tagebuchzahl angeführt, anhand derer die zugehörige Urkunde in der Urkundensammlung gefunden wird.

Einsicht ins Grundbuch

Jeder Interessierte kann Einsicht ins Grundbuch nehmen

Das Grundbuch ist ein öffentliches Register. Jeder Interessierte kann über die enthaltenen Eintragungen am Bezirksgericht Auskunft bekommen. Mündliche Auskünfte sind kostenlos, schriftliche Grundbuchauszüge gegen eine Gebühr (derzeit 15 Euro) erhältlich.

Das Hauptbuch wurde in ganz Österreich auf automationsunterstützte Datenverarbeitung umgestellt. Damit kann bei jedem Bezirksgericht ein Grundbuchsauszug jeder Liegenschaft in Österreich abgerufen werden. Der Zugang zur Grundbuchdatenbank übers Internet wird von mehreren Firmen allen Interessierten angeboten. Notare, Rechtsanwälte, Gemeinden, Kreditinstitute usw. haben jedenfalls entsprechende EDV-Anschlüsse an das Grundbuch.

Ist die Einlagezahl einer Liegenschaft nicht bekannt, kann diese über das Straßenverzeichnis oder die Grundbuchsmappe erhoben werden. Die Grundbuchsmappe ist eine Landkarte, in der die einzelnen Grundstücke mit ihren Grenzen eingetragen sind. Diese Karte mit allen aktuellen Eintragungen liegt immer beim örtlich zuständigen Vermessungsamt bei der Bezirkshauptmannschaft bzw. dem Vermessungsamt Wien auf. Oft liegen diese Landkarten auch beim zuständigen Bezirksgericht auf. Hier sind sie aber nicht immer am letzten Stand.

Eintragungsgrundsatz und Prioritätsprinzip

Rechte an Liegenschaften können nur durch Eintragung im Grundbuch erworben werden (Eintragungsgrundsatz). Damit wird das (Mit-)Eigentum – wie das Wohnungseigentum – erst mit Eintragung ins Grundbuch wirksam. Ausgenommen davon sind:

- der Gerichtsbeschluss im Erbschaftsverfahren (Einantwortung) und
- der Zuschlag im Versteigerungsverfahren.

In diesen beiden Fällen erfolgt der Eigentumserwerb bereits mit der jeweiligen Urkunde, nicht erst mit der Grundbucheintragung. Neben dem Eintragungsgrundsatz gilt beim Grundbuch auch das Prioritätsprinzip: Wer früher dran ist, ist rechtlich stärker. Demnach wird im Grundbuch bei zwei gleichlautenden Anträgen um Einräumung eines bestimmten Rechtes – etwa des Eigentumsrechtes – dem zeitlich früher eingelangten Antrag stattgegeben.

Fruchtgenuss und Wohnrecht

Der Fruchtgenuss ist das vom Wohnungseigentümer eingeräumte Recht, eine Eigentumswohnung zu nutzen oder zu vermieten, nicht aber zu verkaufen. Der Fruchtnießer gilt als sogenannter „wirtschaftlicher Eigentümer" des Objektes. Das Wohnrecht (nach § 521 ABGB) ist das Recht, eine Eigentumswohnung auf Lebenszeit zum eigenen Gebrauch zu benützen, nicht aber zu vermieten. Das Fruchtgenussrecht und das Wohnrecht zählen zu den (persönlichen) Dienstbarkeiten. Diese stehen immer einer bestimmten Person zu und enden spätestens mit deren Tod. Sowohl das Fruchtgenussrecht als auch das Wohnrecht sind grundsätzlich im Grundbuch (Lastenblatt) einzutragen. Ist die berechtigte Person verstorben, sollte die Eintragung im Grundbuch (Belastung der Wohnung) möglichst bald vom Wohnungseigentümer gelöscht werden. Ein typischer Anwendungsfall für die Einräumung solcher Rechte wäre, wenn Eltern ihre Eigentumswohnung schon zu Lebzeiten ihrem Kind schenken, sich aber weiterhin die Nutzung der Wohnung vorbehalten. Anders als beim Wohnrecht verdrängt der Fruchtgenussberechtigte den vom Fruchtgenussrecht betroffenen Wohnungseigentümer weitgehend hinsichtlich der Mitwirkungs- und Verwaltungsbefugnisse an der Liegenschaft (z.B. Stimmrecht bei der Beschlussfassung). Auch stehen einem Fruchtgenussberechtigten gerichtliche Abwehrmaßnahmen gegen störende Dritte zu.

Die Urkundensammlung wird nur beim örtlich zuständigen Bezirksgericht geführt. Diese wurde im Laufe des Jahres 2006 ebenfalls auf die automationsunterstützte Datenverarbeitung (ADV) umgestellt. Je nach Umstellungsstichtag für die einzelnen Bezirksgerichte sind die neuen Urkunden nur mehr über die ADV bzw. das Internet abrufbar.

Möchten Sie dagegen Einsicht in einen älteren Kaufvertrag oder einen Darlehensvertrag nehmen, geht das nicht ohne den Besuch des zuständigen Bezirksgerichtes.

Liegenschaft mit abgeschlossener WE-Begründung

JUSTIZ **REPUBLIK ÖSTERREICH**
GRUNDBUCH **GB**

```
                    Auszug aus dem Hauptbuch
GRUNDBUCH GRUNDBUCH 01514 Währing                  EINLAGEZAHL  6541
BEZIRKSGERICHT Döbling
*********************************************************************
Letzte TZ 1432/2012
Wohnungseigentum
Einlage umgeschrieben gemäß Verordnung BGBl. II, 143/2012  am 07.05.2012
********************************A1 **********************************
GST-NR  G BA (NUTZUNG)                FLÄCHE         GST-ADRESSE
312/3   G GST-Fläche            *     275
          Baufl.(Gebäude)       *     214
          Baufl.(befestigt)     *     61             Malerg. 59
*********************************A2**********************************
1 a 1919/1981 Bauplatz (auf) Gst 312/3
2 a 2279/2010 VERWALTER: Mustermann Immobilienverwaltung GmbH,1270 Wien,
              Rosengasse 35
*********************************B***********************************
1  ANTEIL: 31/372
   Mustermann Max
   GEB: 1954-03-11 ADR: Malerg. 59   1180
   d  2279/2010 Wohnungseigentum an Magazin/EG
   e  3804/2011 Kaufvertrag 2011-11-12 Eigentumsrecht vorgemerkt
   f  5207/2011 Rechtfertigung
2  ANTEIL: 35/372
   Gruber Gustav
   GEB: 1971-11-16 ADR: Beatrixg. 3/22   1030
   d  2279/2010 Wohnungseigentum an Magazin/EG
   g  1432/2012 IM RANG 6552/2011 Kaufvertrag 2011-09-03 Eigentumsrecht
3  ANTEIL: 155/372
   Gruber Gustav
   GEB: 1971-11-16 ADR: Beatrixg. 3/22   1030
   f  2279/2010 Wohnungseigentum an W 2. Stock
   g  1432/2012 IM RANG 6552/2011 Kaufvertrag 2011-09-03 Eigentumsrecht
4  ANTEIL: 151/372
   Huber Gabriele Mag.
   GEB: 1971-11-16 ADR: Bernsteing. 3/22   1030
   d  2279/2010 Wohnungseigentum an W 1. Stock
   h  4427/2011 Übergabsvertrag 2011-11-16 Eigentumsrecht
   i  4427/2011 Belastungs- und Veräußerungsverbot
*********************************C***********************************
1  2279/2010 Vereinbarung über die Aufteilung der Aufwendungen gem. §
   32 WEG Punkt IV. Wohnungseigentumsvertrag 2010-01-10
2  auf Anteil 4
   a  4427/2011
   BELASTUNGS- UND VERÄUSSERUNGSVERBOT für Herta Huber, geb. 1936-06-01
******************************HINWEIS********************************
Eintragungen ohne Währungsbezeichnung sind Beträge in ATS
*********************************************************************
```

So lesen Sie den Grundbuchauszug

Im A-Blatt ist der Vermerk „Wohnungseigentum" enthalten. Die WE-Begründung ist abgeschlossen, es handelt sich daher um echte Eigentumswohnungen. Die letzte Eintragung in dieser Grundbucheinlage erfolgte zur Tagebuchzahl - TZ 1432/2012. Zum Verwalter gemäß § 19 WEG ist hier die Mustermann Immobilienverwaltung GmbH bestellt.

Im B-Blatt ist mit jedem Miteigentumsanteil Wohnungseigentum an einer bestimmten Wohnung bzw. einem Magazin verbunden. Die WE-Begründung fand bereits 2010 statt (TZ 2279/2010). Die aktuell verbücherten Miteigentumsanteile wurden alle erst nach WE-Begründung erworben. Das heißt, es wurden von den heutigen Miteigentümern bereits Eigentumswohnungen gekauft.

Das Eigentumsrecht von Max Mustermann, B-LNr. 1, wurde in zwei Schritten eingetragen. Zunächst wurde das Eigentum aufgrund des Kaufvertrages „vorgemerkt" (B-LNr. 1 lit e), dann nach Vorliegen der zunächst fehlenden Urkunden „gerechtfertigt" (B-LNr. 1 lt f).

Im C-Blatt ist unter LNr. 1 ein geänderter Kostenverteilungsschlüssel aufgrund des Wohnungseigentumsvertrages eingetragen. Diese Vereinbarung bindet daher auch die derzeitigen sowie spätere Miteigentümer.

Unter C-LNr. 2 ist auf den Anteil B-LNr. 4 (Gabriele Huber) ein Belastungs- und Veräußerungsverbot eingetragen. Damit kann dieser Anteil nur mit Zustimmung der Berechtigten (Herta Huber) veräußert oder belastet werden.

Neubau mit geförderten Wohnungen vor WE-Begründung

JUSTIZ **REPUBLIK ÖSTERREICH**
GRUNDBUCH **GB**

```
                    Auszug aus dem Hauptbuch
GRUNDBUCH 01670 Kaisermühlen                     EINLAGEZAHL  4321
BEZIRKSGERICHT Donaustadt
*******************************************************************
Letzte TZ 8680/2014
Wohnungseigentum in Vorbereitung
Einlage umgeschrieben gemäß Verordnung BGBl. II, 143/2012  am 07.05.2012
********************************A1*********************************
GST-NR G  BA (NUTZUNG)               FLÄCHE        GST-ADRESSE
2474/27 G Garten               *      4149
2474/31 G Baufl.(befestigt)           1699          Neuhausgasse 8
2474/32 G Garten               *      224           Neuhausgasse 10
********************************A2*********************************
3 a 1126/2011 Bauplatz (auf) Gst 2474/27 (Bauplatz 7A)
*********************************B*********************************
1  ANTEIL: 1/1
   Wiener Neubau Wohnbaugesellschaft m.b.H.
   ADR: Althausgasse 2   1190
   f 7163/2012 IM RANG 4170/2011 Kaufvertrag 2011-06-26 Eigentumsrecht
   h 1761/2012 Veräußerungsverbot
   k 2432/2012 IM RANG 2209/2012 Zusage der Einräumung des
     Wohnungseigentumsrechtes gemäß § 40 WEG an
     W  4.7  St 1  für Mustermann Max, geb. 1949-02-25
     W  5.7  St 1  für Müller Peter, geb. 1950-07-16
   l 2556/2013 IM RANG 2209/2012 Zusage der Einräumung des
     Wohnungseigentumsrechtes gemäß § 40 WEG an
     W  5.7  St 2  für Lindner Ing. Wolfgang, geb. 1965-09-05
     W  4.3  St 1  für Bandl Lisa, geb. 1970-10-09 und Gauder Rudolf,
     geb. 1972-11-20
*********************************C*********************************
12 a 1759/2012 Schuldschein 2012-12-20
     PFANDRECHT                                    EUR 11.031.000,-
     6,25% Z, 13% VuZZ, NGS EUR 2.757.000,- für UniCredit Bank Austria AG
   b 1760/2012 Löschungsverpflichtung zu Gunsten Land Wien
   c 1761/2012 Löschungsverpflichtung zu Gunsten Land Wien
   d 8680/2014 Löschungsverpflichtung zu Gunsten Bank Austria AG
14 a 1760/2012 Pfandurkunde 2003-02-13
     PFANDRECHT                                     EUR 3.963.000,-
     für Land Wien
   c 1762/2014 Löschungsverpflichtung zu UniCredit Bank Austria AG
15 a 1761/2012
     VERÄUSSERUNGSVERBOT gem. § 6 Abs. 4 WWFSG 1989 für Land Wien
19 a 2209/2012 unbefristete Rangordnung für die beabsichtigte
     Einräumung von Wohnungseigentum gem. § 42 WEG
     Treuhänder: Dr. Alfred Müller, Rechtsanwalt, 1180, Hauptstraße 7
20 a 8680/2014 Schuldschein 2014-08-20
     PFANDRECHT                                    EUR 13.500.000,-
     2,75% Z, 13% VuZZ, NGS 3.362.000,- für UniCredit Bank Austria AG
******************************HINWEIS ******************************
Eintragungen ohne Währungsbezeichnung sind Beträge in ATS
*******************************************************************
```

So lesen Sie den Grundbuchauszug

Im A-Blatt ist der Vermerk „Wohnungseigentum in Vorbereitung" enthalten. Das heißt, dass Eigentumswohnungen geschaffen werden.

Im B-Blatt ist als Alleineigentümerin (1/1) die Wiener Neubau Wohnbaugesellschaft m.b.H. eingetragen. Sie hat die Liegenschaft mit Kaufvertrag vom 26.06.2011 erworben (B-LNr. 1 lit f). Dieser Kaufvertrag kann zur Tagebuchzahl 7163/2012 über die ADV bzw. übers Internet abgerufen werden. Unter B-LNr. 1 lit h sind Veräußerungsverbote eingetragen. In Zusammenschau mit dem C-Blatt ist ersichtlich, dass dieses Veräußerungsverbot aufgrund der Wohnbauförderung zugunsten des Landes Wien eingetragen ist (C-LNr. 15). Unter B-LNr. 1 lit k und lit l sind die einzelnen Wohnungseigentumsbewerber angeführt. Diese Personen haben aufgrund von Anwartschaftsverträgen und der WE-Zusage die Rechtsstellung von WE-Bewerbern, sind aber noch nicht Miteigentümer! Die WE-Zusagen sind jeweils „IM RANG 2209/2012" eingetragen worden. Dies ergibt sich aus der besonderen Treuhandschaft nach dem Bauträgervertragsgesetz (C-Blatt LNr. 19). Durch die WE-Zusage an einzelne Personen ist die Wiener Neubau auch WE-Organisatorin, ohne dass dies gesondert vermerkt wird.

Im C-Blatt ist unter LNr. 12 ein Pfandrecht zugunsten eines Kreditinstitutes eingetragen. Unter LNr. 14 bis 15 sind die Wohnbauförderungsmittel des Landes Wien sichergestellt und die Veräußerungsverbote aufgrund der Wohnbauförderung eingetragen. Wegen der hohen Pfandrechte kann auf ein besonders großes Bauvorhaben geschlossen werden. Unter C-LNr. 19 ist die unbefristete Rangordnung für die beabsichtigte Einräumung von Wohnungseigentum unter genauer Angabe des Treuhänders eingetragen. Diese Anmerkung ist zur Tagebuchzahl 2209/2012 erfolgt. Die Bestellung des Treuhänders erfolgte aufgrund der Bestimmungen des BTVG und stellt eine zusätzliche Absicherung der Zahlungen der WE-Bewerber dar. Die WE-Zusage an einzelne WE-Bewerber, auch wenn sie erst in späteren Jahren erfolgt, wird jeweils im zeitlich früheren Rang dieser Anmerkung eingetragen (Hinweis zum B-Blatt „im Rang 2209/2012"). Durch diese Bestimmung wird sichergestellt, dass zeitlich spätere Belastungen nicht zulasten der WE-Bewerber gehen. Durch das unter C-LNr. 20, TZ 8680/2014, eingetragene weitere Pfandrecht werden die WE-Bewerber (eingetragen im Rang 2209/2012) daher nicht belastet. Der Treuhänder muss im Zuge der WE-Begründung für die Löschung dieses Pfandrechtes sorgen.

JUSTIZ **REPUBLIK ÖSTERREICH**
GRUNDBUCH **GB**

```
                     Auszug aus dem Hauptbuch
GRUNDBUCH 01657 Leopoldstadt                      EINLAGEZAHL  1910
BEZIRKSGERICHT Donaustadt
*******************************************************************
Letzte TZ  673/2015
Wohnungseigentum in Vorbereitung
Einlage umgeschrieben gemäß Verordnung BGBl. II, 143/2012 am 07.05.2012
*********************************A1********************************
GST-NR  BA (NUTZUNG)                  FLÄCHE          GST-ADRESSE
267     GST-Fläche              *     589
        Baufl.(Gebäude)         *     515
        Baufl.(befestigt)       *     74              Grüne Salzg. 18
*********************************A2********************************
1 a gelöscht
*********************************B*********************************
4 ANTEIL: 59/708
  Mustermann   Max
  GEB: 1968-03-08 ADR: Grüne Salzg. 18/7   1020
  b 1879/2012 IM RANG 4028/2011 Kaufvertrag 2011-12-19 Eigentumsrecht
  c 1879/2012 Zusage der Einräumung des Wohnungseigentumsrechtes gemäß
    § 40 WEG an W 7 für Max Mustermann, geb. 1968-03-08
6 ANTEIL: 63/708
  Gruber   Heinrich
  GEB: 1950-02-16 ADR: Blaumühlgasse 5/21   1020
  b 1879/2012 Zusage der Einräumung des Wohnungseigentumsrechtes gemäß
    § 40 WEG an W 7 für Max Mustermann, geb. 1968-03-08
  c 1888/2014 IM RANG 4028/2013 Kaufvertrag 2013-12-19 Eigentumsrecht
  d 1888/2014 Zusage der Einräumung des Wohnungseigentumsrechtes gemäß
    § 40 WEG an W 23 für Heinrich Gruber, geb. 1950-02-16
8 ANTEIL: 586/708
  Immobilienhandelsgesellschaft m.b.H.
  ADR: Mariahilfer Str. 103   1060
  a 3395/2012 IM RANG 2875/2011 Kaufvertrag 2011-05-29 Eigentumsrecht
  d 1879/2012  Zusage der Einräumung des Wohnungseigentumsrechtes
    gemäß § 40 WEG an W 7 für Max Mustermann, geb. 1968-03-08
  e 1888/2014 Zusage der Einräumung des Wohnungseigentumsrechtes gemäß
    § 40 WEG an W 23 für Heinrich Gruber, geb. 1950-02-16
  f 3603/2015 Zusage der Einräumung des Wohnungseigentumsrechtes gemäß
    § 40 WEG an W 16 für Dragan Kovacs, geb. 1952-04-30
*********************************C*********************************
2 a 3395/2012 Pfandurkunde 2011-05-29
    PFANDRECHT Höchstbetrag                          EUR 1.200.000,-
    für Raiffeisenbank Schwechat-Fischamend-Schwadorf
    registrierte Genossenschaft mit beschränkter Haftung
9 auf Anteil 4
  a 1879/2012 Pfandurkunde 2012-12-01
    PFANDRECHT Höchstbetrag    EUR  35.000,-
    für UniCredit Bank Austria AG
12 auf Anteil 8
   a 673/2015 Zwangsverwaltung zur Hereinbringung von EUR 6.037,- samt 4%
     Zinsen ab 2012-04-13, Kosten EUR 978,32, für Rohrrein Installations GmbH
******************************HINWEIS******************************
Eintragungen ohne Währungsbezeichnung sind Beträge in ATS
*******************************************************************
```

So lesen Sie den Grundbuchauszug

Im A-Blatt ist der Vermerk „Wohnungseigentum in Vorbereitung" enthalten. Daraus ist ersichtlich, dass Wohnungen als künftige Eigentumswohnungen abverkauft werden.

Im B-Blatt sind drei Miteigentümer eingetragen. Aufgrund der Daten der Kaufverträge ist ersichtlich, dass die ImmobilienhandelsgmbH 2011 die Liegenschaft erworben und in der Folge mit dem Abverkauf einzelner Wohnungen begonnen hat. Die Gesellschaft ist damit auch WE-Organisator geworden. Mustermann und Gruber (B-LNr. 4 und 6) sind als schlichte Miteigentümer und WE-Bewerber („Zusage der Einräumung des Wohnungseigentumsrechtes") eingetragen. Obwohl ihre Kaufverträge 2011 und 2013 abgeschlossen worden sind, ist bisher noch kein Wohnungseigentum begründet worden! In B-LNr. 8 lit f ist eine weitere WE-Zusage eingetragen. Herr Kovacs ist damit nur WE-Bewerber, aber noch nicht Miteigentümer der Liegenschaft.

Im C-Blatt ist unter LNr. 2 ein Pfandrecht zugunsten einer Raiffeisenbank eingetragen. Das erste Pfandrecht wurde gleichzeitig mit dem Eigentumsrecht der ImmobilienhandelsgmbH eingetragen. Das Darlehen diente wahrscheinlich der Finanzierung des Kaufpreises. Auffällig ist jedoch, dass auch die beiden Wohnungskäufer, Mustermann und Gruber, mit diesen Darlehen belastet sind! Der Grund kann in einer vereinbarten Darlehensübernahme liegen, wahrscheinlicher aber sind Probleme mit der Lastenfreistellung. Das heißt, der Pfandgläubiger (Raiffeisenbank) hat seine Zustimmung zur Freistellung der verkauften Anteile nicht gegeben, weil das Darlehen von der ImmobilienhandelsgmbH nicht ordnungsgemäß zurückbezahlt worden ist. Unter C-LNr. 9 ist mit dem Pfandrecht nur der Miteigentumsanteil B-LNr. 4 (auf Anteil 4) belastet. Mit diesem Darlehen hat der Miteigentümer Mustermann seinen Kaufpreis (teil-) finanziert. Aus der Eintragung C-LNr. 12 ist ein exekutives Pfandrecht, nämlich die Zwangsverwaltung der Anteile der ImmobilienhandelsgmbH (auf Anteil 8), ersichtlich. Die Gesellschaft kann damit nicht mehr frei über ihre Anteile verfügen, da sie immer die Zustimmung des Zwangsverwalters benötigt.

Benützen, verändern und erhalten

Als Wohnungseigentümer kommt Ihnen das alleinige Verfügungsrecht über die Wohnung zu. Für wesentliche Veränderungen brauchen Sie aber die Zustimmung der anderen. Gestritten wird oft über die Benützung allgemeiner Hausteile. Gewisse Erhaltungsarbeiten sind von der Gemeinschaft zu tragen.

Verfügungs- und Benützungsrecht

Als Wohnungseigentümer haben Sie das Recht, Ihre Eigentumswohnung widmungsgemäß zu benützen und darüber zu verfügen. Sie können sie selbst bewohnen, leer stehen lassen, vermieten oder verkaufen, ohne die anderen Wohnungseigentümer um Erlaubnis fragen zu müssen. Bei einer geförderten Wohnung ist vor einer Vermietung oder einem Verkauf allerdings die Bewilligung der Förderstelle einzuholen.

Die Bewohner haben Rücksicht aufeinander zu nehmen

Der Gebrauch der Wohnung hat so zu erfolgen, dass andere Bewohner des Hauses nicht gestört werden. Es gilt das nachbarrechtliche Rücksichtnahme- und Toleranzgebot. Bei einer Vermietung der Wohnung haften Sie auch für das Verhalten Ihrer Mieter. Sie müssen dafür sorgen, dass diese z.B. nicht gegen die Regeln der Hausordnung verstoßen. Bei schweren Verstößen könnten Sie als Wohnungseigentümer sogar aus der Gemeinschaft ausgeschlossen werden (► Seite 52).

Exkurs: Vermietung der Wohnung

Bevor Sie Ihre Eigentumswohnung vermieten, sollten Sie sich über die wichtigsten mietrechtlichen Regelungen informieren – ausführliche Informationen finden Sie im KONSUMENT-Buch „Fair (ver)mieten" (► Seite 191). Wenn Sie als Wohnungseigentümer vermieten, schließen Sie jedenfalls einen Hauptmietvertrag ab. Eine Bezeichnung als Untermietvertrag vermag daran nichts zu ändern. Wegen des starken Kündigungsschutzes werden Eigentumswohnungen üblicherweise nur befristet vermietet. Damit eine Befristung aber auch hält, muss sie in Schriftform auf mindestens drei Jahre abgeschlossen werden. Auch jede befristete Verlängerung des Mietvertrages muss (schriftlich) wieder auf mindestens drei Jahre erfolgen. Ob Mietzinsobergrenzen bestehen oder nicht, hängt unter anderem davon ab, ob es sich beim Haus um einen Altbau oder Neubau handelt.

Nicht mehr vom Benützungsrecht gedeckt ist nach aktueller Rechtsprechung (5 Ob 59/14h) die regelmäßige kurzfristige Vermietung einer Eigentumswohnung als „Appartement" an Touristen, z.B. über eine Internetplattform (► Seite 40), ohne Zustimmung der anderen Wohnungseigentümer.

Hinweis

Eine mit der Verwaltung einer Wohnungseigentumsanlage betraute Hausverwaltung ist grundsätzlich nicht dafür zuständig, bei vermieteten Eigentumswohnungen Abrechnungen für die Mieter zu erstellen oder sich gar um das Mietzinsinkasso zu kümmern. Dazu wäre eine gesonderte Vereinbarung (Auftragserteilung) zwischen dem vermietenden Wohnungseigentümer und der bestellten Hausverwaltung erforderlich.

Vorsicht ist aber auch bei einer vermeintlich unentgeltlichen Gebrauchsüberlassung („Prekarium") der Eigentumswohnung, nur gegen Überwälzung der „Betriebskosten", geboten. Schon die regelmäßige Weitergabe sämtlicher Vorschreibungen der Hausverwaltung an den Nutzer der Wohnung kann zur rechtlichen Einstufung „entgeltliche Gebrauchsüberlassung" und damit zum Vorliegen eines (unbefristeten) kündigungsgeschützten Mietverhältnisses führen.

Allgemeine Hausteile

Für die Nutzung der gemeinsamen Teile des Hauses wie z.B. Waschküche oder Hobbyraum sollten die Wohnungseigentümer eine Regelung treffen. Dies geschieht entweder im Rahmen der Hausordnung, durch gesonderte formlose Vereinbarung oder durch eine schriftliche Benützungsregelung. Die häufigsten Streitpunkte sind Kfz-Abstellplätze, die im gemeinsamen Eigentum aller stehen. Einer Vermietung derselben an einzelne Wohnungseigentümer müssen alle anderen zustimmen. Gibt es weniger Abstellplätze als Interessenten, kommt es fast nie zu einstimmigen Beschlüssen. Einen Ausweg bietet das Rotationsprinzip: Sie beschließen einstimmig eine Benützungsregelung, wonach jeder Wohnungseigentümer den Abstellplatz nach einem bestimmten Zeitraum zurückgeben bzw. an einen der „wartenden" Wohnungseigentümer übergeben muss.

Für den Fall der Nichteinigung kann jeder Wohnungseigentümer beim Bezirksgericht eine gerichtliche Benützungsvereinbarung über allgemeine Teile der Liegenschaft beantragen. Bis zu einer derartigen Entscheidung können die Wohnungseigentümer mit einer Mehrheit von zwei Dritteln der Anteile eine vorläufige Benützungsregelung (§ 17 Abs. 2 WEG)

Rotationsprinzip

An einer Liegenschaft ist Wohnungseigentum begründet. Es gibt 15 Wohnungen, aber nur 12 Kfz-Abstellplätze im Hofbereich (allgemeiner Teil). Jeder der Wohnungseigentümer ist Autofahrer und möchte einen Abstellplatz benützen. Damit niemand benachteiligt wird, schließen die Wohnungseigentümer (einstimmig) eine Benützungsregelung, wonach ab Inkrafttreten von jedem Wohnungseigentümer ein Kfz-Abstellplatz jeweils im Zeitraum von 15 Monaten 12 Monate benützt werden darf. Dem Benützungsrecht liegt das Rotationsprinzip in monatlichem Rhythmus zugrunde. Rotiert wird in alphabetischer Reihenfolge der Nachnamen der Wohnungseigentümer. Mittels Los wird der Anfangsbuchstabe für den erstgereihten Wohnungseigentümer fixiert. Diesem und den 11 unmittelbar nachgereihten Wohnungseigentümern wird ein bestimmter Abstellplatz zugewiesen. Die restlichen 3 Wohnungseigentümer müssen einstweilen pausieren. Der Erstgereihte muss bereits nach nur einem Monat Nutzung für drei Monate pausieren und darf in der Folge 12 Monate lang einen Kfz-Abstellplatz benützen, ehe er wieder für 3 Monate pausiert. Wer als Wohnungseigentümer aus der „Pause" zurückkehrt, erhält die jeweils frei werdende Abstellfläche für die nächsten 12 Monate durchgehend zugewiesen.

beschließen. Eine Benützungsregelung bindet spätere Wohnungseigentümer auch dann, wenn sie nicht im Grundbuch eingetragen ist.

Abwehr von Störungen

Die Benützung allgemeiner Teile des Hauses hat entsprechend deren Bestimmung zu erfolgen. So steht es z.B. keinem Wohnungseigentümer zu, dauerhaft Gegenstände im Stiegenhaus aufzustellen oder sein Auto unberechtigterweise auf allgemeinen Flächen der Liegenschaft zu parken.

Bei solchen Störungen kann sich jeder einzelne Wohnungseigentümer mit der Eigentumsfreiheitsklage oder mittels Besitzstörungsklage zur Wehr setzen. Und zwar nicht nur gegen andere Bewohner des Hauses, sondern auch gegen hausfremde Personen. Nach mehreren Gerichtsentscheidungen (z.B. 5 Ob 88/04h) steht ein solcher Unterlassungs- und Beseitigungsanspruch als Ausfluss seines Verfügungsrechtes grundsätzlich nur jedem einzelnen Wohnungseigentümer zu, nicht hingegen der Eigentümergemeinschaft.

Beispiel

Ein Wohnungseigentümer stellt im Stiegenhaus vor seinem Wohnungseigentumsobjekt, einer Arztordination, eine Sitzbank für wartende Patienten auf. Ein anderer Wohnungseigentümer der Liegenschaft klagt ihn erfolgreich bei Gericht auf Unterlassung dieser Störung (5 Ob 157/03d).

Besteht an einer Eigentumswohnung ein Fruchtgenussrecht (siehe ► Seite 24), steht das Abwehrrecht grundsätzlich dem Fruchtgenussberechtigten anstelle des Eigentümers dieser Wohnung zu (2 Ob 1/14g).

Nachdem es sich beim Unterlassungs- bzw. Beseitigungsanspruch um einen Akt der Verfügung und nicht um eine Verwaltungsmaßnahme handelt, ist der Verwalter grundsätzlich weder berechtigt noch verpflichtet entsprechende gerichtliche Schritte zu setzen.

Jedem Wohnungseigentümer steht das Recht zu, die zur Wahrung des Gesamtrechtes erforderlichen Rechtsbehelfe zu ergreifen, deren es zur Wahrung seines Anteilsrechtes bedarf. Zweck der Klage muss es sein, einen rechtswidrigen Angriff im Interesse des Klägers oder der Eigentümergemeinschaft abzuwehren. Das Ziel muss darin liegen, vorhandene Rechte der Gemeinschaft zu wahren, nicht aber solche Rechte erst zu erwirken (5 Ob 46/22h).

Abwehransprüche können der Gemeinschaft übertragen werden

Das Wohnungseigentumsgesetz sieht allerdings die Möglichkeit vor, dass Wohnungseigentümer ihre Unterlassungsansprüche an die Eigentümergemeinschaft abtreten (§ 18 Abs. 2 WEG). Die Abtretung eines solchen Anspruches ist jedoch annahmebedürftig, und kann der Eigentümergemeinschaft nicht aufgedrängt werden. Hat die Gemeinschaft eine solche Abtretung angenommen, muss der Verwalter jedenfalls im Namen der Gemeinschaft gerichtliche Abwehrmaßnahmen gegen störende Dritte veranlassen.

Als Wohnungseigentümer steht Ihnen die Eigentumsfreiheits- bzw. Besitzstörungsklage nicht nur zu, wenn sich jemand widerrechtlich in allgemeinen Hausteilen ausbreitet, sondern selbstverständlich auch dann, wenn Ihr alleiniges Benützungsrecht am Wohnungseigentumsobjekt verletzt wird. Zum Beispiel, wenn ein Nachbar ihre Terrasse eigenmächtig betritt oder dessen Hund schon wieder über den Zaun in Ihren Garten gesprungen ist.

Als Wohnungseigentümer sind Sie auch berechtigt, unzulässige Immissionen aus der Nachbarschaft gerichtlich untersagen zu lassen. Im-

Beispiel

Herr A. und Herr B. sind Nachbarn in einer Wohnungseigentumsanlage. Die Wohnung von Herrn B. liegt über jener von Herrn A. Herr B. hat den Boden in seiner Wohnung nicht fachgerecht verlegt (fehlender Trittschallschutz). Dadurch kommt es in der Wohnung darunter zu wesentlichen Lärmimmissionen (durch Gehen, Sesselrücken, Spielen der Kinder). Gespräche führen zu keiner Verbesserung der Situation. Herr A. bringt schließlich eine Unterlassungsklage gegen Herrn B. bei Gericht ein und gewinnt das Verfahren. Nachdem Herr B. jene Umstände geschaffen hat, die eine wesentliche Beeinträchtigung verursachen (hier: fehlender Trittschallschutz), ist er sogar bei einer sonst üblichen Nutzung der Wohnung (Gehen, Sesselrücken, Spielen der Kinder) zu besonderer Rücksichtnahme verpflichtet, solange er die Störungsquelle nicht beseitigt hat (9 Ob 13/12w).

Unübliche Immissionen müssen nicht geduldet werden

missionen können Einwirkungen durch Lärm, Geruch, Erschütterungen, Rauch, Licht, Kletterpflanzen etc. sein. Auch dieser Unterlassungsanspruch ist ein Recht des einzelnen Wohnungseigentümers und nicht der Eigentümergemeinschaft. Eine Unterlassungsklage dringt bei Gericht jedoch nur durch, wenn eine Immission über das ortsübliche Maß hinausgeht. Die Grenzziehung zwischen noch zu duldenden Einwirkungen und unzumutbaren Störungen ist oft nicht einfach. Gerichte entscheiden bei solchen Streitigkeiten immer sehr auf den Einzelfall bezogen.

Verwaltungsstraftatbestand „Ungebührlicher Lärm"

Wer Nachbarn mit Lärm nervt, kann nicht nur zivilgerichtlich mit Unterlassungsklage belangt werden. In den Sicherheitspolizeigesetzen sämtlicher österreichischen Bundesländer ist die Erregung ungebührlicherweise störenden Lärmes überdies als Verwaltungsstraftatbestand normiert. Störender Lärm ist dann als ungebührlich anzusehen, wenn das Tun oder Unterlassen, das zur Erregung des Lärmes führt, gegen ein Verhalten verstößt, wie es im Zusammenleben mit anderen verlangt werden muss. Wenn ein Nachbar z.B. mitten in der Nacht schon wieder laut Musik hört, kann auch die Polizei ersucht werden, einzuschreiten. Aber auch eine Lärmerregung tagsüber kann diesen Verwaltungsstraftatbestand erfüllen. So ist z.B. das ständige Bellen eines Hundes nicht hinzunehmen, auch wenn es „nur" tagsüber auftritt. Der Halter eines Hundes hat nämlich dafür Sorge zu tragen, dass sein Hund durch lautes Bellen nicht ungebührlicherweise störenden Lärm erregt (VwGH 15.6.1987, 86/10/0067).

Beispiel

Herr X. hat seine Eigentumswohnung an Herrn Y. vermietet. Immer wieder verursacht Herr Y. störenden Lärm (laute Musik etc.) mitten in der Nacht. Schließlich bringt ein Nachbar eine Unterlassungsklage bei Gericht gegen Herrn X. ein und gewinnt das Verfahren. Herr X. hatte keine rechtlichen Schritte gegen seinen uneinsichtigen Mieter unternommen und musste sich dessen Verhalten daher zurechnen lassen (6 Ob 227/07m)

Eine Immissionsabwehr mittels Klage ist nicht möglich, wenn die Einwirkungen von einem behördlich genehmigten Betrieb (z.B. Gasthaus) ausgehen und sich im Rahmen der behördlichen Auflagen halten. In solchen Fällen ist es für einen beeinträchtigten Wohnungseigentümer daher ratsam, sich zunächst an die Gewerbeaufsichtsbehörde zu wenden.

Der Entzug von Licht und Aussicht durch Bauwerke (z.B. Hausaufstockung) gilt übrigens nicht als Immission, weshalb eine zivilrechtliche Untersagung hier grundsätzlich nicht in Betracht kommt (5 Ob 16/14k). Eine Bauführung am Nachbargrundstück muss freilich gemäß den Bauvorschriften erfolgen.

Änderungen

Als Wohnungseigentümer haben Sie das ausschließliche Benützungsrecht an Ihrer Wohnung. Damit dürfen Sie auch unwesentliche Änderungen in Ihrer Wohnung vornehmen, ohne jemanden um Erlaubnis fragen zu müssen. Welche Fliesen Sie auswählen, ist allein Ihre Sache. Auch die nachträgliche Errichtung einer Innenwand stellt z.B. noch eine unwesentliche Veränderung dar. Beachten Sie aber, dass die Außenfenster (und auch die Wohnungseingangstür) bereits als allgemeiner Teil des Hauses gelten.

Unwesentliche Veränderungen bedürfen keiner Zustimmung

Wenn Sie als Wohnungseigentümer jedoch eine wesentliche Änderung innerhalb der Wohnung vornehmen möchten, z.B. einen Durchbruch in einer tragenden Wand, müssen Sie die Zustimmung aller anderen Wohnungseigentümer einholen. Als wesentlich gilt eine Änderung im Wohnungsinneren immer dann, wenn schutzwürdige Interessen anderer Wohnungseigentümer beeinträchtigt werden könnten. Zum Beispiel ein nachträglicher Einbau einer Fußbodenheizung in einem Gebäude aus den 1970er Jahren mit zentralem Heizsystem, der Konsequenzen für die Verteilung der Verbrauchskosten brächte (5 Ob 13/17y). Schon die bloße Möglichkeit einer solchen Beeinträchtigung verpflichtet zur Einholung der Zustimmung aller anderen Wohnungseigentümer.

Auch die Änderung der Widmung (Nutzung) eines Wohnungseigentumsobjektes (z.B. die Benützung einer Wohnung als Arztordination) darf nicht eigenmächtig vorgenommen werden. In einer aktuellen Entscheidung (5 Ob 59/14h) hat der Oberste Gerichtshof ausgesprochen, dass die regelmäßige kurzfristige Vermietung einer Eigentumswohnung als „Appartement" an Touristen in einer typischerweise zu Dauerzwecken genutzten Wohnanlage als Widmungsänderung eine wesentliche Änderung darstellt. Wegen der höheren Frequentierung des Wohnhauses durch ständig wechselnde, hausfremde Personen bedarf eine solche Widmungsänderung der Zustimmung der anderen Wohnungseigentümer.

Für wesentliche Änderungen muss die Zustimmung der anderen Wohnungseigentümer eingeholt werden

Wird eine wesentliche Änderung eigenmächtig (ohne Zustimmung aller anderen) vorgenommen, steht jedem anderen Wohnungseigentümer ein Unterlassungsanspruch zu (Eigentumsfreiheits- bzw. Besitzstörungsklage). Im gerichtlichen Verfahren über eine solche Klage wird nicht geprüft, ob die Änderung genehmigungsfähig im Sinne des § 16 Abs. 2 WEG (siehe unten) ist. Handelt es sich um eine genehmigungspflichtige Änderung, ist deren eigenmächtige Vornahme vom Gericht zu untersagen. Das bedeutet, die Änderung muss rückgängig gemacht werden (5 Ob 59/14h).

Dasselbe wie für wesentliche Änderungen im Wohnungsinneren gilt, wenn Sie als Wohnungseigentümer durch eine Änderung auch allgemeine Teile des Hauses in Anspruch nehmen möchten. So bedarf z.B. auch eine Loggienverglasung (5 Ob 47/06g), die Errichtung eines Aufzuges an der Außenfassade, aber auch eines Treppenliftes im Stiegenhaus (5 Ob 130/08s; 5 Ob 218/19y), die Anbringung eines Geschäftsschildes (5 Ob 402/97x) oder einer Satellitenantenne an der Außenfassade (5 Ob 50/02t) oder die Montage eines Klima-Außengerätes (5 Ob 204/13f) der Zustimmung aller anderen Wohnungseigentümer. Ebenso die Errichtung einer Terrasse am Flachdach oder die Vergrößerung einer bestehenden Terrasse (5 Ob 63/08p; 5 Ob 55/87), die Errichtung von Carports, Gartenhäuschen oder einer Swimmingpool-Anlage (5 Ob 185/09f; 5 Ob 483/97k). Ebenso die nachträgliche Errichtung eines Balkons (5 Ob 44/20m).

Beispiel

Herr X. kauft und bezieht eine Eigentumswohnung. Die Wohnungseigentumsbegründung liegt viele Jahre zurück. Im selben Haus wird im Objekt Top 1 eine Kinderarztpraxis geführt. Herrn X. stört es, dass ständig fremde Leute im Haus ein und aus gehen. Herr X. nimmt Einsicht in das Nutzwertgutachten und in den Wohnungseigentumsvertrag. Das Objekt Top 1 wurde damals als „Wohnung" gewidmet. Von Nachbarn erfährt er, dass das Objekt nunmehr seit mehreren Jahren als Arztordination verwendet wird. Von den Nachbarn kann sich niemand daran erinnern, dazu um Erlaubnis gefragt worden zu sein. Weder die Hausverwaltung noch der Kinderarzt legt Herrn X. auf dessen Verlangen eine schriftliche Urkunde vor, aus der die Genehmigung zur Nutzung des Objektes Top 1 als Arztpraxis hervorgeht. Herr X. bringt bei Gericht eine Unterlassungsklage gegen den Kinderarzt ein. Er verliert das Verfahren. Durch die jahrelange Duldung der Arztpraxis (zumindest acht Jahre) durch die anderen Wohnungseigentümer hätten diese einer Änderung der Nutzung des Objektes Top 1 (von der Wohnung zur Arztordination) stillschweigend zugestimmt. An diese Zustimmung ist nun auch Herr X. als späterer Käufer einer Wohnung im Haus gebunden (5 Ob 100/14p).

Ein Hausverwalter kann die fehlende Zustimmung der anderen Wohnungseigentümer nicht ersetzen. Auch ein Mehrheitsbeschluss der Eigentümergemeinschaft reicht dazu nicht aus (5 Ob 38/08m). Für die Zustimmungserteilung gibt es allerdings keine besonderen Formvorschriften. Die Zustimmung kann auch stillschweigend (schlüssig) erteilt werden (5 Ob 100/14p), wenn etwa die anderen Wohnungseigentümer über einen langen Zeitraum hindurch untätig bleiben.

Der Verwalter muss über Verlangen eines Wohnungseigentümers, der zur Verständigung der anderen Wohnungseigentümer deren Namen und Zustellanschriften braucht, die entsprechenden Angaben herausgeben (§ 20 Abs. 8 WEG). E-Mail-Adressen dürfen aber nur mit ausdrücklicher Einwilligung des Wohnungseigentümers mitgeteilt werden.

Zustimmungsfiktion

Seit der WEG-Novelle 2022 genügt es für gewisse wesentliche Änderungen, die anderen Wohnungseigentümer mit einem Schreiben, in dem die geplanten Arbeiten klar und verständlich beschrieben werden, zu verständigen. In diesem Schreiben muss ausdrücklich darauf hingewiesen werden, dass bei Nichtzustimmung binnen zwei Monaten ein Widerspruch gegen die geplanten Änderungen erhoben werden muss, ansonsten die Zustimmung als erteilt gilt. Dieser Widerspruch ist schriftlich oder in dauerhaft speicherbarer elektronischer Form an den änderungswilligen Wohnungseigentümer zu übermitteln.

Ausnahmsweise gilt Schweigen als Zustimmung

Wird von den anderen Wohnungseigentümern innerhalb der Frist kein Widerspruch erhoben, können Sie mit den Arbeiten beginnen, ohne Gefahr zu laufen, gleich mit einer Unterlassungsklage konfrontiert zu werden. Nur wenn das Wohnungseigentums- oder Zubehörobjektes eines anderen Wohnungseigentümers durch Ihre Änderung wesentlich und dauerhaft beeinträchtig wird, kann dieser auch noch nach Ablauf der zweimonatigen Frist rechtliche Schritte gegen die Änderung einleiten, obwohl er bei der Befragung keinen Widerspruch erhoben hat. Die neue Zustimmungsfiktion gilt aber nur für folgende beabsichtigte Änderungen:

- Barrierefreie Ausgestaltung der Eigentumswohnung oder von allgemeinen Teilen des Hauses;
- Anbringung einer Vorrichtung zum Langsamladen eines elektrisch betriebenen Fahrzeuges am eigenen Kfz-Abstellplatz (entweder im Wohnungseigentum oder im Wohnungseigentumszubehör);
- Anbringung einer Solaranlage an einem als Reihenhaus oder Einzelgebäude errichteten Wohnungseigentumsobjekt;
- Anbringung einer sich in das Erscheinungsbild des Hauses harmonisch einfügenden Vorrichtung zur Beschattung eines Wohnungseigentumsobjektes;
- Einbau einer einbruchsicheren Wohnungseingangstüre.

Als Wohnungseigentümer haben Sie die Möglichkeit, die fehlende Zustimmung anderer Wohnungseigentümer zu einer genehmigungspflichtigen Änderung vom Außerstreitrichter ersetzen zu lassen. Dieser hat nach einem entsprechenden Antrag zu prüfen, ob die geplante Änderung von den anderen zu dulden ist oder nicht. Das Gericht hat die beabsichtigte Maßnahme zu genehmigen, wenn folgende Voraussetzungen des § 16 Abs. 2 WEG vorliegen:

- sämtliche Kosten der begehrten Veränderung trägt der änderungswillige Wohnungseigentümer
- es ist keine Schädigung des Hauses zu befürchten
- schutzwürdige Interessen anderer Wohnungseigentümer werden nicht verletzt
- das äußere Erscheinungsbild des Hauses wird nicht beeinträchtigt

Sollen durch die Änderung auch allgemeine Teile des Hauses in Anspruch genommen werden, muss sie überdies verkehrsüblich sein oder einem wichtigen Interesse des Wohnungseigentümers dienen. Für das „wichtige Interesse" ist nach der Rechtsprechung darauf abzustellen, ob die Änderung dazu dient, eine dem heute üblichen Standard entsprechende Nutzung des Objektes zu ermöglichen. Zweckmäßigkeitserwägungen oder eine Steigerung des Verkehrswertes des Objektes genügen für die Annahme eines „wichtigen Interesses" in der Regel nicht (5 Ob 36/22p).

Die Verkehrsüblichkeit bzw. das Vorliegen eines „wichtigen Interesses" wird in folgenden Fällen bereits aufgrund der gesetzlichen Anordnung bejaht („privilegierte Änderungen" gemäß § 16 Abs. 2 Z. 2 WEG):

- Einbau einer Wasserentnahmestelle oder eines Klosetts ins Innere des Wohnungseigentumsobjektes;
- Errichtung bzw. Umgestaltung von Strom-, Gas-, Wasser-, Fernsprechleitungen, Beheizungsanlagen und ähnlichen Einrichtungen.

Beispiel

Frau Y. ist Wohnungseigentümerin in einem gepflegten Altbau. Sie möchte eine schmiedeeiserne Sicherheits-Gittertür vor der Wohnungseingangstür anbringen. Eine solche Maßnahme ist genehmigungspflichtig. Frau Y. gelingt es nicht, die Zustimmung aller anderen Wohnungseigentümer zur geplanten Maßnahme zu erlangen. Nach einem entsprechenden Antrag von Frau Y. prüft daraufhin das Gericht, ob die Voraussetzungen des § 16 Abs. 2 WEG für diesen konkreten (Einzel-)Fall vorliegen. Frau Y. gewinnt das Verfahren. Der Außerstreitrichter spricht aus, dass die anderen Wohnungseigentümer die Anbringung der Gittertür zu dulden haben, und genehmigt die beantragte Änderung (5 Ob 86/14d).

- Barrierefreie Ausgestaltung des Wohnungseigentumsobjektes und/oder von allgemeinen Teilen der Liegenschaft, z.B. Treppenlift, rollstuhltaugliche Rampe oder Markierungen, die sehbehinderten Menschen die Orientierung erleichtern;
- Anbringung einer Vorrichtung zum Langsamladen eines elektrisch betriebenen Kraftfahrzeuges am eigenen Kfz-Abstellplatz im Wohnungseigentum (im WE-Zubehör);
- Nach dem Stand der Technik notwendige Einrichtungen für den Rundfunkempfang und den Empfang digitaler Dienstleistungen (z.B. Musik, Video, Fernsehen etc.), wenn der Anschluss an eine bestehende Einrichtung nicht möglich oder nicht zumutbar ist.

In diesen „privilegierten" Fällen ist es daher deutlich einfacher, die fehlende Zustimmung anderer Wohnungseigentümer zu der geplanten Änderung vom Bezirksgericht ersetzen zu lassen.

Nicht zu den „privilegierten" Änderungen gehört nach wie vor die Ausstattung einer Eigentumswohnung mit einer Klimaanlage (Split-Gerät). Die Verkehrsüblichkeit einer solchen Maßnahme ist nicht nur nach der allgemeinen Lebenserfahrung, sondern auch nach der Beschaffenheit des

Zustimmung zu Änderungen

Möchte ein Wohnungseigentümer eine größere bauliche Änderung (etwa die Einbeziehung eines bisherigen Gangteiles in den Wohnungsverband) oder eine Widmungsänderung (Büro statt Wohnung) vornehmen, können auch die Voraussetzungen für eine neuerliche Nutzwertfestsetzung gegeben sein. Die Zustimmung zur Änderung kann in solchen Fällen davon abhängig gemacht werden, dass sich der änderungswillige Wohnungseigentümer verpflichtet, binnen einer bestimmten Frist die Anpassung der Nutzwerte auf seine Kosten durchzuführen. Bringt die geplante Änderung eines Wohnungseigentümers eine Veränderung der „Außenhaut" des Gebäudes (z.B. Loggienverglasung) mit sich, wird die Zustimmung der anderen Wohnungseigentümer oft nur unter der Auflage erteilt, dass sich der änderungswillige Wohnungseigentümer verpflichtet, die Kosten der künftigen Erhaltung daran zu übernehmen. Ohne eine solche Auflage wären auch die Kosten künftiger Erhaltungsarbeiten an den geänderten Außenteilen von der Eigentümergemeinschaft zu tragen (5 Ob 63/09i).

betreffenden Hauses und seines Umfeldes zu beurteilen (5 Ob 113/15a). Im Zusammenhang mit dem Klimawandel anerkannte der Gesetzgeber zwar das steigende Bedürfnis, allzu hohen Raumtemperaturen entgegenzuwirken. Dieses Ziel soll aber durch Beschattung (Rollläden, Markisen oder Außenjalousien) und möglichst ohne Klimaanlagen erreicht werden. Abzustellen ist hinsichtlich des Vorliegens eines „wichtigen Interesses" auf die individuellen Gegebenheiten im konkreten Einzelfall. Allgemeine Erwägungen, wonach es bei Dachgeschosswohnungen im dicht verbauten Stadtgebiet zu einem Aufheizen auf oft über 30 Grad komme und diese Wohnungen mit Klimaanlagen nachgerüstet werden müssten, um zu Wohnzwecken geeignet zu sein, reichen für die Annahme eines „wichtigen Interesses" nicht aus (5 Ob 36/22p).

Muss für die Änderung eine fremde Eigentumswohnung in Anspruch genommen werden, darf sich durch den Eingriff keine wesentliche und dauernde Beeinträchtigung ergeben. Leitungen werden jedenfalls unter Putz zu verlegen sein. Der beeinträchtigte Wohnungseigentümer hat

Beispiel

Hier einige Beispiele aus der – sehr auf den Einzelfall bezogenen – Rechtsprechung zur Genehmigungsfähigkeit von Widmungsänderungen:

- Die Änderung von einer Wohnung zu einer Augenarztpraxis im „Wohnbereich" eines neunstöckigen Gebäudes wurde nicht genehmigt; die Änderung einer Wohnung zu einer Steuerberatungskanzlei im „Wohnbereich" desselben Gebäude wurde hingegen genehmigt (5 Ob 35/94).
- Die Änderung von einer Wohnung zu einer Arztpraxis mit eigenem Eingang in einem Wohnhaus wurde vom Gericht genehmigt (5 Ob 448/97m).
- Die Änderung eines Geschäftslokals (Verkaufslokal) zu einem Café-Espresso wurde vom Gericht nicht genehmigt (LGZ Graz, 3 R 199/86).
- Die Änderung eines Geschäftslokals (Verkaufslokal) zu einem gastgewerblichen Vereinslokal wurde vom Gericht genehmigt; im Haus gab es bereits auch ein Café-Espresso (5 Ob 81/08k).
- Die Änderung von einer Wohnung zu einem Institut für Nuklearmedizin wurde vom Gericht genehmigt (5 Ob 103/90y).
- Die Änderung von einem Büro zu einer Frühstückspension mit zwanzig Zimmern wurde vom Gericht nicht genehmigt (5 Ob 43/11a).

Anspruch auf eine angemessene finanzielle Entschädigung durch den änderungswilligen Wohnungseigentümer.

Die Entscheidungen der Gerichte sind hier immer sehr auf den Einzelfall bezogen. Ob z.B. eine Loggienverglasung genehmigt wird oder nicht, hängt von den konkreten Gegebenheiten ab. In welcher Gegend befindet sich das Haus? Würde das äußere Erscheinungsbild des Hauses unter dem Verbau leiden? Gibt es am Gebäude bereits andere solche Verglasungen? Soll die Änderung hof- oder straßenseitig vorgenommen werden?

Wie bereits erwähnt, gelten auch Widmungsänderungen als wesentliche Veränderungen, die nicht eigenmächtig vorgenommen werden dürfen. Gemeint ist hier eine Änderung der Nutzung des Objektes. Auch wenn eine solche im Einklang mit der baurechtlichen Widmung des Objektes steht (z.B. Arztordination bei einer baurechtlichen Widmung als „Wohnung"), heißt das noch nicht, dass sie ohne Zustimmung der anderen Wohnungseigentümer vorgenommen werden darf. Zur Frage der zulässigen Nutzung eines Objektes ist (auch) auf eine allfällige Vereinbarung im Wohnungseigentumsvertrag abzustellen. Wurde dort bereits einer „geschäftlichen Tätigkeit, die üblicherweise in einer Wohnung ausgeübt wird" zugestimmt, so wird die zukünftige Nutzung einer Wohnung als Arztordination oder Anwaltskanzlei keiner weiteren Zustimmung der anderen Wohnungseigentümer mehr bedürfen (5 Ob 380/97m).

Auch die Widmung darf nicht eigenmächtig geändert werden

Erhaltungspflichten des Wohnungseigentümers

Die Erhaltungspflicht des einzelnen Wohnungseigentümers ist in § 16 Abs. 7 WEG geregelt. Danach hat der Wohnungseigentümer seine Wohnung (samt Zubehör) und die dafür bestimmten Einrichtungen wie Strom-, Gas- und Wasserleitungen sowie die Beheizungs- und sanitären Anlagen auf seine Kosten so zu warten und instand zu halten, dass den anderen Wohnungseigentümern kein Nachteil erwächst.

Der Wohnungseigentümer muss allerdings nur solche Maßnahmen setzen, deren Unterlassung Nachteile für die übrigen Wohnungseigentümer bringen könnte. Ob er ein defekt gewordenes Warmwasseraufbereitungsgerät repariert oder nicht, ist (solange er die Wohnung nicht vermietet hat) grundsätzlich seine Sache. Der Wohnungseigentümer muss aber z.B. dafür sorgen, dass Wasserentnahmestellen in seinem Objekt stets dicht sind. Auch sind z.B. Vorkehrungen zu treffen, dass bei längerer Ortsabwesenheit im Winter keine Wasserleitung einfriert. Bei Verletzung seiner Wartungs- und Erhaltungspflichten kann ein Wohnungseigentümer schadenersatzpflichtig werden. Bei besonders groben Pflichtverletzungen ist sogar ein Ausschluss aus der Gemeinschaft möglich (► Seite 52).

Wasserentnahmestellen sind dicht zu halten

Muss eine Wohnung zur Durchführung von Erhaltungsarbeiten, die der Eigentümergemeinschaft obliegen (z.B. Fenstertausch), betreten

Ladestationen für Elektrofahrzeuge

Die neuen Bestimmungen, die den Einbau von Ladepunkten erleichtern sollen, gelten nur sofern der Garagen- bzw. Kfz-Abstellplatz entweder ein eigenes Wohnungseigentumsobjekt ist oder aber im Wohnungseigentumszubehör steht. Wurde ein Kfz-Abstellplatz dagegen von der Eigentümergemeinschaft gemietet, gelten die neuen Bestimmungen für diesen gemieteten Abstellplatz nicht.

Eines der Probleme im Zusammenhang mit der Errichtung von Ladestationen für Elektrofahrzeuge ergibt sich aus der Kapazität des elektrischen Anschlusses für die gesamte Liegenschaft. Im Regelfall können eine oder zwei Langsamladestationen problemlos zu den bestehenden Verbrauchern angeschlossen werden. Sobald es aber mehr Interessenten gibt, ist zumeist eine Gemeinschaftsanlage mit einem eigenen Lastmanagementsystem zu bevorzugen. Damit kann die Versorgung mehrerer Fahrzeuge optimal gesteuert werden und wird die Kapazitätsgrenze für das gesamte Gebäude nicht so rasch überschritten.

Für den Fall, dass neben bestehenden Einzelladestationen im Gebäude eine neue Gemeinschaftsanlage errichtet werden soll, hat der Gesetzgeber vorgesehen, dass die weitere Nutzung der Einzelladestation durch Mehrheitsbeschluss untersagt werden kann, wenn dadurch die elektrische Versorgung der Liegenschaft besser gesichert wird. Damit ein Wohnungseigentümer, der erst vor Kurzem in eine Einzelladestation investiert hat, nicht um seine Investition umfällt, darf er während eines fünfjährigen Zeitraumes ab Inbetriebnahme seiner Einzelladestation jedenfalls nicht zu deren Stilllegung verpflichtet werden.

Künftige Zusatzkosten

Erfolgen Änderungen an den allgemeinen Teilen des Hauses, z.B. Anbringung einer Markise an der Außenfassade, müssen Sie später auch allfällige Mehrkosten, die wegen dieser Einrichtung entstehen, tragen. Soll etwa die Fassade neu gestrichen werden, entstehen durch die Demontage und anschließende Wiedermontage der Markise Mehrkosten, die in diesem Fall von Ihnen zu tragen sind.

und benützt werden, hat der betroffene Wohnungseigentümer dies zu dulden. Das gilt grundsätzlich auch bei Verbesserungsarbeiten (► Seite 120). Für wesentliche Beeinträchtigungen, die daraus resultieren, hat die Eigentümergemeinschaft den Wohnungseigentümer angemessen zu entschädigen.

Anzeigepflicht

Nimmt ein Wohnungseigentümer Schäden an den allgemeinen Hausteilen oder ernste Schäden (siehe unten) im Wohnungsinneren wahr, hat er den Verwalter unverzüglich davon zu verständigen (§ 30 Abs. 3 WEG). Auch eine Verletzung dieser Anzeigepflicht kann den einzelnen Wohnungseigentümer schadenersatzpflichtig machen. Bei Gefahr im Verzug darf ein Wohnungseigentümer zur Schadenabwehr zweckmäßige sofortige Maßnahmen auch selber setzen. Die dafür anfallenden Kosten kann er der Eigentümergemeinschaft in Rechnung stellen.

Erhaltungspflichten der Eigentümergemeinschaft

Gemäß § 28 WEG ist die Eigentümergemeinschaft verpflichtet, die allgemeinen Teile der Liegenschaft in ortsüblichem Zustand zu erhalten und im Wohnungsinneren sogenannte ernste Schäden (siehe unten) zu beheben.

Ernste Schäden

Ernste Schäden des Hauses sind immer von der Eigentümergemeinschaft zu beheben. Unabhängig davon, ob diese in oder außerhalb der Wohnung auftreten. An allgemeinen Hausteilen ist die Eigentümergemeinschaft darüber hinaus auch für die Behebung kleinerer Mängel zuständig. Allgemeine Hausteile sind immer im jeweils ortsüblichen Zustand zu erhalten.

Zu den allgemeinen Liegenschaftsteilen gehören neben der „Außenhaut" des Gebäudes (Dach, Fassade, Außenfenster; 5 Ob 15/96 5 Ob 123/10i) z.B. das Stiegenhaus (samt Wohnungseingangstüren; 5 Ob 110/05w), die Versorgungsleitungen (soweit sie nicht nur einem einzelnen Objekt dienen), Rauchfänge und Gemeinschaftseinrichtungen wie z.B. Zentralheizungsanlage, Waschküche oder Gegensprechanlage. Aber auch die Decke zwischen zwei Geschoßen gehört zu den allgemeinen Hausteilen (5 Ob 174/13v), ebenso eine „Hausbesorgerdienstwohnung" (5 Ob 18/14d) und eine Balkontüre sowie ein Balkongeländer (5 Ob 154/20p).

Sondervereinbarungen zur Erhaltung

Soweit Erhaltungsarbeiten in die Pflicht der Eigentümergemeinschaft fallen, sind die dafür anfallenden Kosten grundsätzlich aus der Rücklage zu finanzieren (► Seite 133). Mitunter sehen vertragliche Vereinbarungen jedoch Abweichendes zur Frage der Kostentragung für gewisse Erhaltungsarbeiten vor. Solche Vereinbarungen sind zulässig, müssen zu ihrer Wirksamkeit allerdings einstimmig zustande gekommen sein. Meist sind solche Vereinbarungen schon im Wohnungseigentumsvertrag (► Seite 17) enthalten. Sie sehen z.B. vor, dass jeder Wohnungseigentümer die Kosten der Erhaltung „seiner" Außenfenster selber tragen muss. Bei Reihenhausanlagen ist oft eine sehr weit reichende Überwälzung dieser Pflichten auf die einzelnen Wohnungseigentümer vereinbart. Zweck dieser Vereinbarungen ist es, die Rücklage der Eigentümergemeinschaft zu entlasten. Die monatlichen Aufwendungen für die Gesamtliegenschaft sollen auf diese Weise gering gehalten werden. In einer aktuellen Entscheidung (5 Ob 212/13g) hat der Oberste Gerichtshof ausgesprochen, dass auch eine vom Gesetz abweichende Vereinbarung im Zweifel nur die interne Kostenverteilung zwischen den Wohnungseigentümern betrifft.

Heiztherme

Frau A. hat ihre Altbau-Eigentumswohnung vermietet. Die mitvermietete Gas-Kombitherme funktioniert nicht mehr. Frau A. wird von ihrem Mieter ersucht, möglichst rasch die Instandsetzung zu veranlassen. Frau A. möchte die notwendige Reparatur über die Hausverwaltung an die Eigentümergemeinschaft delegieren. Von der Hausverwaltung erfährt Frau A. jedoch, dass die Instandsetzung von Geräten zur Beheizung oder Warmwasseraufbereitung, die nur einer einzelnen Wohnung dienen, nicht in die Erhaltungspflicht der Eigentümergemeinschaft fällt. Die Auskunft der Hausverwaltung ist völlig korrekt. Als Vermieterin ist Frau A. (seit Inkrafttreten der Wohnrechtsnovelle am 1.1.2015) zwar ihrem Mieter gegenüber verpflichtet, die mitvermietete Gas-Kombitherme zu reparieren bzw. zu erneuern. Ein ernster Schaden liegt aber nicht vor, weshalb Frau A. die Behebung des Mangels auf eigene Kosten veranlassen muss. Die Eigentümergemeinschaft (Rücklage) darf mit solchen Kosten nicht belastet werden.

Hat ein einzelner Wohnungseigentümer mit Zustimmung der anderen Wohnungseigentümer eine Außenjalousie oder eine Loggienverglasung auf eigene Kosten angebracht, fällt diese in der Folge als Teil der „Außenhaut" des Gebäudes in die Erhaltungspflicht der Eigentümergemeinschaft (5 Ob 63/09i). Oft wird die Zustimmung zu einer solchen Änderungen daher nur unter der Auflage erteilt, dass der änderungswillige Wohnungseigentümer die künftigen Kosten der Erhaltung von Außenjalousie oder Loggienverglasung selber trägt.

Mit der WEG-Novelle 2022 wurde klargestellt, dass Mehrkosten, die später wegen der Änderung eines Wohnungseigentümers an den allgemeinen Teilen des Hauses – z.B. Anbringung einer Markise an der Außenfassade – entstehen, von jenem Wohnungseigentümer zu tragen sind, der die Änderung vorgenommen hat (§ 16 Abs. 6 WEG). Soll etwa die Fassade neu gestrichen werden und entstehen durch die Demontage und anschließende Wiedermontage der Markise Mehrkosten, sind diese nicht von der Eigentümergemeinschaft sondern von dem Wohnungseigentümer, der die Markise angebracht hat, zu tragen.

Handelt es sich beim Wohnungseigentumsobjekt um einen Kfz-Abstellplatz auf einer Parkwippe (Stapelparker, Carport) und ist der hydraulische Hebemechanismus kaputt, muss auch diese Reparatur auf Kosten der Eigentümergemeinschaft vorgenommen werden (5 Ob 109/10f). Nur die Abstellfläche selbst fällt in die Erhaltungspflicht des einzelnen Wohnungseigentümers.

Abgrenzungsprobleme können sich bei Terrassen, Loggienverfliesungen etc. ergeben, soweit diese nicht zu den allgemeinen Hausteilen gehören. Hier gehören Reparaturarbeiten in die Erhaltungspflicht der Eigentümergemeinschaft, wenn die Arbeiten zur Abwendung von Schäden an der Haussubstanz erforderlich sind; oder zur Sanierung von Feuchtigkeitsschäden in der Wohnung darunter, wenn die Terrasse gleichzeitig als Flachdach dient (5 Ob 92/85). Nicht Sache der Gemeinschaft ist z.B. die bloße Reparatur eines als Sicht- und Sonnenschutz dienenden hölzernen Aufbaues (Pergola) auf der Terrasse eines Wohnungseigentümers (5 Ob 249/99z).

Eingeschränkte Erhaltungspflicht im Wohnungsinneren

Im Inneren der Wohnungseigentumsobjekte trifft die Eigentümergemeinschaft eine eingeschränkte Erhaltungspflicht. Hier ist sie nur zur Behebung ernster Schäden verpflichtet. Das sind Schäden, die eine Gefährdung für die Bausubstanz darstellen. Die Rechtsprechung versteht unter ernsten Schäden etwa Mauerdurchfeuchtungen (5 Ob 142/01w), z.B. infolge eines Wasserrohrbruches, Mängel, welche die Erneuerung größerer Verputzteile notwendig machen (5 Ob 65/88), größere Risse in der Wand (1 Ob 183/00v), undichte Gasleitungen und brandgefährliche Elektroleitungen (6 Ob 687/90; 5 Ob 42/02s; 5 Ob 194/02v). Aber auch eine erforderliche Fußbodensanierung gilt als ernster Schaden, wenn dabei Teile des Estrichs entfernt werden müssen (5 Ob 162/99f).

Vor- und Nacharbeiten sind von der Erhaltungspflicht der Eigentümergemeinschaft mit umfasst. So ist z.B. nach Stemmarbeiten zur Behebung eines Leitungsgebrechens die Wand anschließend zu verschließen und es hat grundsätzlich auch eine Wiederherstellung der Wandoberflächengestaltung zu erfolgen (5 Ob 15/18v).

Jeder Wohnungseigentümer kann die Vornahme von Erhaltungsarbeiten, welche der Gemeinschaft obliegen, verlangen. Ansprechperson ist der Verwalter. Dieser ist berechtigt und verpflichtet, die notwendigen Instandsetzungen auf Kosten der Eigentümergemeinschaft zu veranlassen (► Seite 115).

Ausschluss eines Wohnungseigentümers

Aus besonders wichtigen Gründen kann ein Wohnungseigentümer über Mehrheitsbeschluss auch aus der Eigentümergemeinschaft ausgeschlossen werden. Und zwar aus folgenden Gründen:

- Nichterfüllung seiner Verpflichtungen, insbesondere die Nichtbezahlung der von der Hausverwaltung zulässigerweise vorgeschriebenen Beträge
- nachteiliger Gebrauch der Wohnung bzw. der allgemeinen Hausteile
- unleidliches Verhalten gegenüber anderen Hausbewohnern oder Miteigentümern

Wohnungseigentümer haften für ihre Mitbewohner

Diese Gründe sind den Kündigungsgründen bei Mietverhältnissen nachgebildet. Es kann daher die dazu ergangene Rechtsprechung herangezogen werden. Soweit es ein Wohnungseigentümer unterlässt, die ihm mögliche Abhilfe zu schaffen, muss er sich das schädigende Verhalten seiner Mitbewohner oder Mieter zurechnen lassen. Die Ausschlussklage kann von der Mehrheit der Wohnungseigentümer eingebracht werden.

Findet sich unter den Wohnungseigentümern zunächst keine Mehrheit für eine Klagsführung, so kann ein einzelner beeinträchtigter Wohnungseigentümer den Störenden zunächst nur auf Unterlassung des schädigenden Verhaltens klagen. Wird der Klage stattgegeben und setzt der Wohnungseigentümer sein störendes Verhalten trotzdem fort, steht auch dem einzelnen Wohnungseigentümer ein selbstständiges Klagerecht (auf Ausschluss) zu.

Wird der Klage auf Ausschluss eines Wohnungseigentümers stattgegeben, kommt es zur Versteigerung des Miteigentumsanteiles samt dem verbundenen Wohnungseigentum. Der Versteigerungserlös gebührt dem ehemaligen Wohnungseigentümer. Bestehen offene Forderungen der Eigentümergemeinschaft, sind zunächst diese abzudecken.

Minderheitsrechte der einzelnen Wohnungseigentümer (§ 30 WEG)

Im Gegensatz zum ABGB gewährt das WEG dem Minderheitseigentümer weitgehende Rechte. Dadurch kann er auch im Bereich der ordentlichen Verwaltung Entscheidungen der Mehrheit durch das Gericht überprüfen lassen, aber auch aktiv handeln.

Über die Möglichkeiten der Beschlussanfechtung (§§ 24 und 29 WEG) hinaus eröffnet § 30 Abs. 1 WEG jedem Wohnungseigentümer die Möglichkeit, in den folgenden Angelegenheiten die Entscheidung des Gerichtes zu beantragen („Individualrechte"). Antragsgegner sind wiederum alle anderen Wohnungseigentümer, nicht die Eigentümergemeinschaft und nicht der Verwalter. Letzterer ist nur bei Verfahren gem. § 30 Abs. 1 Z 5 WEG (im Wesentlichen sein Verhalten betreffend) als Partei beizuziehen.

Individualrechte

Durchführung von („Erhaltungs-") Arbeiten iS des § 28 Abs. 1 Z 1 WEG binnen angemessener Frist. Bleibt der Verwalter oder die Mehrheit untätig bzw. hat sie eine Arbeit unangemessen lange aufgeschoben, kann der einzelne Wohnungseigentümer die Durchführung von Erhaltungsarbeiten beantragen. Bei Prüfung des Antrages hat das Gericht jedoch auch die Dringlichkeit und Wirtschaftlichkeit der beantragten Arbeiten zu berücksichtigen. Dies insbesondere auch, um nicht der Minderheit die Möglichkeit zur „permanenten Modernisierung" der Liegenschaft (dynamischer Erhaltungsbegriff) zu geben (5 Ob 116/07f). So wurde z.B. ein Fenstertausch (4.500 Euro) abgelehnt, weil bereits mit einer Reparatur (350 Euro) die Lebensdauer um 5 bis 10 Jahre verlängert werden konnte (5 Ob 203/07z). Die zustimmende gerichtliche Entscheidung über den Antrag ersetzt den (normalerweise erforderlichen) Mehrheitsbeschluss (ist kein „Leistungsbefehl"). Damit gibt es quasi eine Weisung an den Verwalter, die Arbeiten zu beauftragen (5 Ob 42/09a).

Angemessenheit der Rücklage (Bildung; Erhöhung oder Senkung). Sowohl die erstmalige Einhebung als auch die Anpassung der Höhe einer bereits beschlossenen Rücklage gehören hierher. § 31 WEG sieht zwingend die Bildung einer Rücklage für künftige Aufwendungen vor.

Die Höhe der Rücklage hat sich immer an den voraussichtlich anstehenden Aufwendungen zu orientieren. Das ist aber nicht so zu verstehen, dass die Minderheit durchsetzen kann, dass erst bei einer zu 100 Prozent dotierten Rücklage Aufträge vergeben werden dürfen. Eine gerichtliche Entscheidung über die Herabsetzung der Rücklage über Antrag eines Wohnungseigentümers kann nur für die Zukunft gelten (5 Ob 247/04s). Seit 1.7.2022 ist grundsätzlich aber jedenfalls eine gesetzlich vorgeschriebene Mindestrücklage von 0,90 Euro pro m² Nutzfläche und Monat einzuheben. Die Höhe der Mindestrücklage wird alle 2 Jahre (erstmals 2024) an die Entwicklung des Verbraucherpreisindex angepasst (siehe ► Seite 133).

Gewährung von Ratenzahlung durch die Mehrheit. Ist einem Wohnungseigentümer die sofortige Entrichtung seines Anteiles an größeren Erhaltungsarbeiten nicht möglich oder nicht zumutbar, so muss ihm die Eigentümergemeinschaft die Möglichkeit der „Ratenzahlung" einräumen, sozusagen die Zahlungsverpflichtung „stunden". Die Zahlung in Raten kann solcherart auf einen Zeitraum von bis zu zehn Jahren erstreckt werden. Ortsübliche Zinsen sind jedoch zu bezahlen. Hat die Eigentümergemeinschaft nicht die entsprechenden Mittel, um einem oder mehreren Wohnungseigentümern diese Stundung zu finanzieren, wird wohl die Eigentümergemeinschaft ein gemeinsames Darlehen (aller Wohnungseigentümer) zur Finanzierung der Arbeiten aufnehmen müssen.

Stundung gegen Zahlung von Zinsen

Abschluss einer angemessenen Feuer- und Haftpflichtversicherung. Dieses Minderheitsrecht bezieht sich nur auf den Abschluss einer entsprechenden Versicherung, nicht aber auf die Anpassung bestehender Versicherungen.

Auftrag an den Verwalter, seine Pflichten (§ 20 Abs. 2 bis 7 WEG) einzuhalten, sowie die Auflösung des Verwaltervertrages wegen grober Pflichtverletzung des Verwalters. In diesem Verfahren (gem. § 30 Abs. 1 Z 5 WEG) ist neben allen anderen Wohnungseigentümern zwingend auch der Verwalter als Partei beizuziehen. Auf die hier genannten Verwalterpflichten wird ab ► Seite 101 näher eingegangen. Voraussetzung für derartige gerichtliche Aufträge wird jedoch regelmäßig sein, dass dem Verwalter Pflichtverstöße nachgewiesen werden. Eine quasi „prophylaktische" Vorgehensweise, dem Verwalter (unabhängig von seinem bisherigen Verhalten) die gesetzmäßige Durchführung der Verwaltung aufzutragen, wird daher ausscheiden (5 Ob 246/08z). Die hier genannte „Auflösung" des Verwaltervertrages kann die Minderheit auch nur dann in Anspruch nehmen, wenn nicht bereits die Mehrheit den Verwaltervertrag gekündigt hat. Der Ablauf der Kündigungsfrist wird dann abzuwarten sein.

Bestellung eines Verwalters oder eines vorläufigen Verwalters. Jeder Wohnungseigentümer kann bei Gericht die Bestellung eines (vorläufigen) Verwalters beantragen. Ein gemeinsamer Verwalter ist immer dann zu bestellen, wenn eine Selbstverwaltung durch die Wohnungseigentümer nicht möglich oder nicht tunlich ist und die Bestellung im Interesse aller Wohnungseigentümer liegt.

Aufhebung oder Änderung von Bestimmungen der Hausordnung. Es muss also bereits eine Hausordnung geben, deren Bestimmungen schutzwürdige Interessen eines Wohnungseigentümers verletzen oder ihm unzumutbar sind. Über Antrag eines derart beeinträchtigten Wohnungseigentümers sind die entsprechenden Bestimmungen aufzuheben oder einzuschränken. Geänderte (Ersatz-)Regelungen kann das Gericht hingegen nicht auftragen, ebenso wenig eine neue Hausordnung erlassen (5 Ob 54/99y).

Feststellung der Unwirksamkeit von Bestimmungen der Gemeinschaftsordnung, die § 26 WEG widersprechen. Da die Gemeinschaftsordnung iS des § 26 WEG in der Praxis totes Recht darstellt, bleibt das Minderheitsrecht Theorie. Besteht ausnahmsweise doch eine Gemeinschaftsordnung, so muss sie einstimmig beschlossen worden sein. Eine Abänderung durch das Gericht kommt auch hier nicht infrage. Das Gericht kann nur einzelne Bestimmungen oder die gesamte Gemeinschaftsordnung wegen Gesetzwidrigkeit aufheben.

Kündigung des Mietvertrages mit einem Dritten (Nicht-Miteigentümer) über einen Kfz-Abstellplatz, wenn der Wohnungs-

eigentümer (einer Räumlichkeit) selbst Bedarf am Kfz-Abstellplatz hat. Zunächst ist vorauszuschicken, dass es sich um Kfz-Abstellplätze, die im gemeinsamen Eigentum stehen, handeln muss. Weiters, dass für diese keine Benützungsregelung besteht, sondern die Vergabe mit Mietverträgen erfolgt. Hat der Wohnungseigentümer einer Räumlichkeit selbst Bedarf an einem Kfz-Abstellplatz, der an einen Dritten vermietet ist, so kann er die gerichtliche Entscheidung über seinen Anspruch auf Kündigung des bestehenden Mietvertrages durch den Verwalter beantragen. Kommen mehrere Abstellplätze in Betracht, so hat das Gericht nach sorgfältiger Abwägung aller Umstände nach billigem Ermessen zu entscheiden, welcher Mietvertrag aufgekündigt werden soll (5 Ob 28/78).

Spezieller Schutz des Minderheitseigentümers – „Dominatorregelung" (§ 30 Abs. 2 WEG)

Voraussetzung für die Anwendbarkeit der „Dominator-Regelung" ist, dass ein einzelner Wohnungseigentümer die „Mehrheit der Stimmen" im Sinne des § 24 Abs. 4 WEG hält, oder aber mehrere Wohnungseigentümer gemeinsam, die durch ein familiäres oder wirtschaftliches Naheverhältnis verbunden sind eine solche Mehrheit halten.

Gibt es einen Mehrheitseigentümer, so gelten erweiterte Minderheitsrechte

Solange beispielsweise ein Wohnungseigentumsorganisator noch mehr als 50 Prozent der Liegenschaftsanteile hält, kann er viele Entscheidungen praktisch allein treffen. Dass dabei die Interessen der Minderheitseigentümer nicht immer gewahrt werden, versteht sich von selbst.

Seit 1.7.2022 kann ein wirksamer Mehrheitsbeschluss unter gewissen Umständen von einem Wohnungseigentümer – oder mehreren durch ein Naheverhältnis verbundenen Wohnungseigentümern – zumindest theoretisch schon dann herbeigeführt werden, wenn er zumindest 1/3 der Liegenschaftsanteile hält (siehe ► Seite 91). Im Zuge dessen wurde auch die „Dominatorregelung" im Zuge der Gesetzesnovelle 2022 angepasst.

Zwei Instrumente bieten in solchen Fällen der überstimmten Minderheit einen besonderen Schutz:

Unverhältnismäßiger Nachteil

Mit einer Mehrheit von zwei Dritteln der Anteile ist eine Verlängerung der Zwei-Jahres-Frist für Eigentümerversammlungen zulässig. Hält der „Dominator" diese Mehrheit und fasst den „Beschluss", dass der Verwalter nur alle fünf Jahre eine Eigentümerversammlung einberufen soll, so liegt für die Minderheit, die nicht einmal ein Viertel der Anteile hält, ein unverhältnismäßiger Nachteil vor. Mit weniger als einem Viertel der Anteile kann die Minderheit nicht einmal die Einberufung aus wichtigem Grund erzwingen (5 Ob 138/05p).

- „Dominator-Entscheidungen" können im Bereich der ordentlichen Verwaltung auch aus inhaltlichen Gründen angefochten werden.
- Bei einer Interessenskollision gibt es auch hier einen Stimmrechtsausschluss (siehe ► Seite 88).

Trifft die „dominierende Mehrheit" Maßnahmen, die zu einem unverhältnismäßigen Nachteil eines anderen Wohnungseigentümers führen, kann dieser binnen drei Monaten das Gericht anrufen. Dasselbe gilt für Unterlassungen der dominierenden Mehrheit oder Weisungen an den Verwalter. Eine Beeinträchtigung der Minderheit, die sich jedenfalls aus dem Miteigentumsrecht ergibt, wird hingegen auch im Falle des Vorhandenseins einer „dominierenden Mehrheit" zu keinem unverhältnismäßigen Nachteil führen können.

Anwendungsfälle sind z.B.: Die „dominierende Mehrheit" blockiert die rasche Beauftragung eines Installateurs, die gesperrte Gasleitung zu erneuern. Sie beauftragt Arbeiten, die aufgrund besonders aufwendiger Ausführung („Luxusvariante") zu einer Mehrbelastung der Wohnungseigentümer führen.

Die dreimonatige Frist zur Gerichtsanrufung (Außerstreitverfahren) läuft ab der Kenntnis des Minderheitseigentümers von der geplanten Maßnahme. Wurden bestimmte Arbeiten, die zum Nachteil der Minderheit führen, bereits konkret in der Vorausschau des Verwalters angekündigt, so beginnt die Frist mit der Auflage der Vorausschau. Wurden die Arbeiten hingegen gar nicht angekündigt, beginnt die Frist erst mit der tatsächlichen Durchführung der Arbeiten. Bei unterlassenen Maßnahmen kann die Gerichtsentscheidung jederzeit erfolgen. Der Antrag ist gegen jenen Wohnungseigentümer bzw. jene durch ein Naheverhältnis verbundene Wohnungseigentümer zu richten, die durch ihre „dominierende Mehrheit" den unverhältnismäßigen Nachteil für den Minderheitseigentümer bewirkt haben. Das Gericht kann der „dominierenden Mehrheit" auftragen:

- die Unterlassung beabsichtigter Maßnahmen
- die Rücknahme bereits getroffener Maßnahmen oder
- die Durchführung verabsäumter Maßnahmen

Exkurs: Das Außerstreitverfahren im Wohnungseigentum (§ 52 WEG)

Das Wohnungseigentumsrecht ist Teil des Zivilrechts und es ist daher Sache der Zivilgerichte, über Streitigkeiten zu entscheiden. Allerdings gelten für einige Verfahren über wohnungseigentumsrechtliche Ansprüche Besonderheiten. Im Unterschied zu den üblichen Prozessen (z.B. wegen Zahlungsrückständen oder wegen Schadenersatz) handelt es sich bei den meisten speziellen wohnungseigentumsrechtlichen Streitigkeiten nicht um einen normalen Zivilprozess („streitiges Verfahren"), sondern um ein sogenanntes Außerstreitverfahren .

Die Rechtssache ist mit „Antrag", nicht mit „Klage" immer beim örtlich zuständigen Bezirksgericht anhängig zu machen. Die Verfahrensparteien werden „Antragsteller" und „Antragsgegner" genannt, nicht „Kläger"

Tipp

Neben den Interessenvertretungen für Wohnungseigentümer bieten auch die österreichweit präsenten Mieterorganisationen ihre Dienste für Wohnungseigentümer an: Sie werden Mitglied in der Organisation und können sich dann im Verfahren von einem „Interessenvertreter" vertreten lassen. Diese Variante ist jedenfalls kostengünstiger, als einen eigenen Rechtsanwalt zu beauftragen (sofern Sie keine Rechtschutzversicherung haben).

und „Beklagter". Die Gerichtsentscheidungen sind keine „Urteile", sondern „Sachbeschlüsse"; das Rechtsmittel heißt „Rekurs". Die zweite Instanz ist immer das zuständige Landesgericht für Zivilrechtssachen, als dritte Instanz kann der Oberste Gerichtshof angerufen werden.

Jeder Wohnungseigentümer kann einen Antrag beim Bezirksgericht selbst (schriftlich) einbringen. In erster und zweiter Instanz gibt es keine Vertretungspflicht bzw. keinen Anwaltszwang. Nur in 3. Instanz müssen Sie sich von einem Rechtsanwalt oder einem Notar oder einem „Interessenvertreter" vertreten lassen.

Kosten des Verfahrens

Die Kostenentscheidung ergeht nach Billigkeit

Die Verfahrenskosten einschließlich der Kosten der Vertretung durch einen Rechtsanwalt, Notar oder Interessenvertreter sind von den Parteien „nach Billigkeit zu tragen". Das Gericht muss also zum Abschluss eines Verfahrens auch aussprechen, wer die Gerichtskosten – beim Bezirksgericht aktuell 87 Euro – und die Kosten eines im Verfahren beigezogenen Sachverständigen endgültig zu bezahlen hat.

Daneben gibt es noch die Vertretungskosten (meist Rechtsanwaltskosten) der Verfahrensparteien, über deren Tragung das Gericht ebenfalls entscheiden muss. Bei der geforderten Entscheidung „nach Billigkeit" muss das Gericht nach dem Gesetzestext mehrere Maßstäbe heranziehen. Es ist zu berücksichtigen, in welchem Ausmaß die Parteien mit ihren Anträgen durchgedrungen sind, in wessen Interesse das Verfahren durchgeführt wurde, welcher nicht zweckentsprechende Verfahrensaufwand zumindest überwiegend durch das Verhalten einzelner Parteien verursacht wurde und ob eine Partei durch den Kostenersatz an eine Vielzahl von Verfahrensgegnern übermäßig belastet würde.

Im Regelfall wird das Gericht die Gerichtskosten und die Vertretungskosten primär derjenigen Verfahrenspartei zur Zahlung auftragen, die das Verfahren verloren hat. Neben den Gerichtskosten und den Kosten der eigenen Rechtsvertretung sind im schlimmsten Fall auch noch die gegnerischen Anwaltskosten zu tragen.

Insbesondere folgende Angelegenheiten sind ins wohnrechtliche Außerstreitverfahren verwiesen:

- Beteiligung des Wohnungseigentümers an der Verwaltung
- Durchsetzung der Ansprüche auf ordnungsgemäße Erhaltung
- Neufestsetzung der Nutzwerte (nur, wenn keine Einigung zwischen den Miteigentümern besteht)
- Duldung von Änderungen, die ein Wohnungseigentümer in seinem Objekt und/oder an allgemeinen Teilen der Liegenschaft vornehmen will (► Seite 42)
- Erlassung oder Abänderung einer Benützungsregelung hinsichtlich allgemeiner Teile der Liegenschaft (► Seite 35)
- Durchsetzung der Minderheitsrechte jedes einzelnen Wohnungseigentümers (► Seite 53)
- Anfechtung eines Beschlusses wegen formeller Mängel, Gesetzwidrigkeit oder Fehlens der erforderlichen Mehrheit (► Seite 95)
- Aufhebung eines Mehrheitsbeschlusses über eine Veränderung der gemeinsamen Teile und Anlagen der Liegenschaft (Verbesserungsmaßnahme) (► Seite 121)
- Durchsetzung der Pflichten des Verwalters (mit Ausnahme der Herabsetzung des Entgelts; dies wäre im streitigen Verfahren zu entscheiden)
- Bestellung eines vorläufigen Verwalters (► Seite 55)
- Auflösung des Verwaltungsvertrages wegen grober Pflichtwidrigkeiten des Verwalters (► Seite 54)
- Feststellung der Rechtswirksamkeit einer Kündigung des Verwalters (► Seite 172)
- Feststellung der Zulässigkeit eines vereinbarten abweichenden Aufteilungsschlüssels, Festsetzung eines abweichenden Aufteilungsschlüssels, Festsetzung einer abweichenden Abrechnungseinheit, Festsetzung einer abweichenden Abstimmungseinheit (► Seite 167)
- Feststellung der Rechtsunwirksamkeit einzelner Bestimmungen der Hausordnung und der Gemeinschaftsordnung (► Seite 55)

Schlichtungsstellen

Dies sind Verwaltungsbehörden, die in einigen Gemeinden Österreichs, darunter etwa Wien, Graz und Linz eingerichtet sind. Gibt es in der betreffenden Gemeinde eine Schlichtungsstelle, muss ein Wohnungseigentümer Anträge auf Neufestsetzung der Nutzwerte sowie hinsichtlich Streitigkeiten einer vom Verwalter gelegten Abrechnung nach dem Heiz- und Kältekostenabrechnungsgesetz bei der Schlichtungsstelle einbringen. Für alle anderen wohnrechtlichen Außerstreitverfahren ist für Wohnungseigentümer das Bezirksgericht zuständig.

Wer ist Partei im Außerstreitverfahren?

Parteien des Verfahrens sind im Regelfall nur die einzelnen Wohnungseigentümer. Der antragstellende Wohnungseigentümer muss seine Anträge gegen die anderen Wohnungseigentümer stellen.

Der Verwalter ist nur dann Verfahrenspartei, wenn es in einem Verfahren um die Einhaltung seiner Pflichten (Vorausschau, Abrechnung usw.), die Frage des Bestehens des Verwaltungsvertrages oder die Abrechnung samt Herausgabe der Rücklage nach Beendigung des Verwaltervertrages geht.

Die Eigentümergemeinschaft ist nur dann Partei, wenn es um die Frage des Bestehens des Verwaltungsvertrages oder die Abrechnung samt Herausgabe der Rücklage nach Beendigung des Verwaltervertrages geht.

Alle anderen – hier nicht genannten – Streitigkeiten sind im normalen „streitigen" Verfahren zu behandeln. Dazu gehören Klagen wegen Zahlungsrückständen, Besitzstörungsklagen, Eigentumsfreiheitsklagen, Klage auf Ausschluss eines Wohnungseigentümers.

Die Eigentümergemeinschaft und der Verwalter

Sämtliche Wohnungseigentümer bilden die Eigentümergemeinschaft. Diese wird zumeist durch einen professionellen Verwalter vertreten. In diesem Kapitel erfahren Sie, was ein Verwalter ist und worauf bei seiner Bestellung zu achten ist.

Die Eigentümergemeinschaft

Alle Wohnungseigentümer der Liegenschaft bilden die Eigentümergemeinschaft. Als juristische Person ist diese Trägerin von Rechten und Pflichten. Die Eigentümergemeinschaft kann Vertragspartner (z.B. von Versicherungen) werden, klagen und geklagt werden. Im Rechtsverkehr tritt sie im Normalfall als Konsument im Sinne des Konsumentenschutzgesetzes auf (7 Ob 155/03z).

Die Eigentümergemeinschaft kann aber auch Adressat von Schadenersatzforderungen werden – etwa, wenn sich eine Person wegen fehlender Schneeräumung verletzt oder ein parkendes Auto von herabstürzenden Gesimsteilen beschädigt wird (5 Ob 261/08f).

Die Rechtspersönlichkeit der Eigentümergemeinschaft ist beschränkt

Die Rechtspersönlichkeit der Eigentümergemeinschaft ist auf Angelegenheiten der Liegenschaftsverwaltung beschränkt (5 Ob 88/04h). Darüber hinaus können die Wohnungseigentümer aber auch Unterlassungsansprüche zur Störungsabwehr an die Eigentümergemeinschaft abtreten (► Seite 37), ebenso Gewährleistungs- und Schadenersatzansprüche. Diese Abtretung bedarf der Annahme durch die Eigentümergemeinschaft.

Als juristische Person braucht die Eigentümergemeinschaft physische Personen, die für sie handeln. Die Grundabgaben (Grundsteuer, Müll, Abwasser, Wasser) sind zu bezahlen. Ebenso die Vorschreibungen von Versorgungsunternehmen. Das Stiegenhaus muss gereinigt und vorhandene Grünanlagen müssen gepflegt werden. Gehsteige sind bei Schneefall zu räumen. Das Gebäude muss den Bauvorschriften entsprechend erhalten werden. Handwerker sind zu beauftragen, Behördenwege zu erledigen etc.

Die Verwaltung der Liegenschaft kommt grundsätzlich der Mehrheit der Wohnungseigentümer (berechnet nach Eigentumsanteilen) zu (5 Ob 164/07z). Diese vertritt die Eigentümergemeinschaft nach außen, z.B. gegenüber Vertragspartnern oder Behörden.

In Häusern mit wenigen Wohnungen werden diese Agenden mitunter von den Wohnungseigentümern selbst wahrgenommen. Die Aufgaben können dann verteilt werden oder auch vorwiegend an einem der Wohnungseigentümer „hängen bleiben". Solange die Eigentümergemeinschaft nach ihrem Mehrheitswillen die Verwaltung selbstverantwortlich führt, liegt Selbstverwaltung vor (5 Ob 129/08v).

Spätestens wenn die Anzahl der Wohnungseigentümer eine bestimmte Größe übersteigt, wird fast immer ein Verwalter bestellt. Dieser hat sich dann um die Belange der Verwaltung zu kümmern und vertritt die Eigentümergemeinschaft nach außen. In diesem Fall liegt Fremdverwaltung vor.

Fremdverwaltung ist der Regelfall

Nach dem Wohnungseigentumsgesetz ist eine Fremdverwaltung kein „Muss" (5 Ob 164/07i). Sie wird aber als Normalfall angesehen. Mit wenigen Ausnahmen gelten die Verwalterpflichten des WEG nur bei Fremdverwaltung (5 Ob 40/08f).

Sobald ein Verwalter bestellt ist, vertritt er alleine die Eigentümergemeinschaft nach außen (5 Ob 493/97d; 10 Ob 379/98b). Die Entscheidungsfindung im Innenverhältnis der Eigentümergemeinschaft (Beschlussfassung) kommt den Wohnungseigentümern aber weiterhin zu. Die Vertretungsbefugnis der Mehrheit der Wohnungseigentümer ist dann auf Fragen des rechtlichen Verhältnisses zwischen Verwalter und Eigentümergemeinschaft, z.B. Honorarhöhe oder Kündigung des Verwaltervertrages, beschränkt.

Verwalterbestellung

Wenn ein Verwalter bestellt werden soll, setzt das zunächst einen Mehrheitsbeschluss der Wohnungseigentümer voraus (siehe ► Seite 85). Wenn sich keine Mehrheit dafür findet, kann aber auch jeder einzelne Wohnungseigentümer die sofortige Bestellung eines Verwalters (oder eines vorläufigen Verwalters) durch den Außerstreitrichter beantragen (Minderheitsrecht, ► Seite 55). Der Antrag, einen vorläufigen Verwalter (§ 23 WEG) einzusetzen, steht auch jedem Dritten zu, wenn dieser ein berechtigtes Interesse an der Verwalterbestellung hat. Das kann z.B. ein Handwerker sein, der eine Reparatur durchführen soll, in Ermangelung eines Verwalters aber keinen Ansprechpartner hat. Im Falle eines solchen Antrages hat der Außerstreitrichter zwar die Zweckmäßigkeit der Einsetzung eines Verwalters zu prüfen (5 Ob 129/08v), in den allermeisten Fällen wird dem Antrag vom Gericht aber stattgegeben werden.

Als Verwalter kann prinzipiell jede physische oder juristische Person bestellt werden. Doch kommen meist neben einem einzelnen Wohnungseigentümer (5 Ob 40/08f) nur die gewerberechtlich befugten Immobilienverwalter in Betracht, mitunter auch eine gemeinnützige Bauvereinigung. Zu beachten ist, dass die Bestimmungen des WEG unabhängig von der Größe der Liegenschaft und der Anzahl der Wohnungseigentümer immer nur einen einzigen Verwalter vorsehen. Eine „Parallelverwaltung" ist nicht möglich (LGZ Wien, 40 R 305/06h). Egal ob eine Liegenschaft im Eigentum von vier oder vierhundert Wohnungseigentümern steht, für die Verwaltung der Liegenschaft gelten stets dieselben Regeln.

Es kann nur einen Verwalter geben

In der Praxis kommt es nicht selten vor, dass sich der Bauträger (beim Neubau) bzw. der frühere Alleineigentümer (beim Altbau) die Bestellung des Verwalters vorbehält bzw. diesen vorweg bestimmt. In diesen Fällen sind entsprechende Klauseln bereits in den Anwartschafts- oder Kaufverträgen bzw. im Wohnungseigentumsvertrag enthalten. Derartige Klauseln über die Verwalterbestellung sind grundsätzlich zulässig (1 Ob 604/80). Der in Aussicht genommene Verwalter sollte aber auch namentlich bestimmt sein. Nach Ablauf von drei Jahren Vertragsdauer können befristete Verwalterverträge grundsätzlich mit ausreichender Mehrheit der Wohnungseigentümer aufgekündigt werden (► Seite 176). Die Regelungen über den Stimmrechtsausschluss (► Seite 88) sind dabei zu beachten.

Soweit bzw. sobald die Mehrheit der Wohnungseigentümer selber entscheiden kann, wen sie zum Verwalter bestellt, wird es Sinn machen, zunächst unverbindliche Gespräche mit verschiedenen professionellen Verwaltern zu führen. Vor einer Beschlussfassung der Wohnungseigentümer bzw. der Beauftragung des Verwalters sollten die jeweiligen Leistungsangebote und Honorarforderungen verglichen werden.

Unter Umständen kommt ein Rücktritt von der Verwalterbestellung in Betracht

Nach einer überhasteten Bestellung eines professionellen Verwalters (= Unternehmer im Sinne des Konsumentenschutzgesetzes) kann unter Umständen noch ein Rücktrittsrecht (§ 11 Fern- und Auswärtsgeschäfte Gesetz) der Eigentümergemeinschaft ausgeübt werden. Und zwar dann, wenn die Verwalterbestellung außerhalb der Geschäftsräume des Verwalters erfolgt ist. Ein Rücktritt nach § 11 FAGG kann mit ausreichender Mehrheit der Wohnungseigentümer erfolgen und ist an keine besondere Form gebunden. Aus Beweiszwecken sollte er aber mit eingeschriebenem

Tipp

Als Wohnungseigentümer sollten Sie sich vergewissern, dass die Verwalterbestellung im Grundbuch ersichtlich gemacht ist. Ist das noch nicht der Fall, wirken Sie am besten darauf hin, dass dies umgehend nachgeholt wird.

Brief oder Telefax ausgeübt werden. Die Rücktrittsfrist beträgt vierzehn Tage ab Verwalterbestellung. Hat der Verwalter über das Rücktrittsrecht nicht ordnungsgemäß belehrt, verlängert sich die Frist auf ein Jahr und vierzehn Tage.

Name und Anschrift des bestellten Verwalters können im Grundbuch ersichtlich gemacht werden. Dies geschieht über Antrag des Verwalters oder eines Wohnungseigentümers unter Vorlage des Bestellungsbeschlusses (5 Ob 128/08x). Wird ein Verwalter (nach entsprechendem Antrag) vom Gericht eingesetzt, erfolgt diese Ersichtlichmachung immer automatisch. Nach einem Antrag auf Bestellung eines vorläufigen Verwalters gilt bis zur Entscheidung der im Grundbuch erstgenannte Wohnungseigentümer als Zustellungsbevollmächtigter der Gemeinschaft. Gerichtliche Zustellungen, etwa die Klage eines Handwerkers gegen die Eigentümergemeinschaft, werden dann diesem Wohnungseigentümer übermittelt.

Der Wechsel von Wohnungseigentümern lässt die Verwalterbestellung unberührt. Auch der Tod eines Wohnungseigentümers oder die Vollmachtskündigung durch einzelne Wohnungseigentümer hat keine Wirkung auf die aufrechte Verwalterbestellung (6 Ob 247/03x; 5 Ob 22/88).

Die Vollmacht des Verwalters

Die Vollmacht des Verwalters („Können im Außenverhältnis") ist vom Auftrag an den Verwalter („Dürfen im Innenverhältnis") zu unterscheiden. Sobald ein Verwalter bestellt wurde, vertritt nur noch er die Eigentümergemeinschaft nach außen (5 Ob 493/97d; 10 Ob 379/98b). Er handelt für die und im Namen der Gemeinschaft. Selbstständige Vertretungshandlungen der Wohnungseigentümer sind ab der Bestellung

Einzelvollmachten

Der bestellte Verwalter benötigt neben dem Bestellungsbeschluss der Eigentümergemeinschaft keine weiteren Vollmachten. Der Umfang seiner Vertretungsbefugnis ergibt sich aus den gesetzlichen Bestimmungen. Viele Verwalter fordern die einzelnen Wohnungseigentümer trotzdem auf, gesonderte Vollmachten zu unterzeichnen. Beachten Sie bitte, dass sich eine derartige Vollmacht grundsätzlich nur auf Sie als Person, nicht jedoch auf die Eigentümergemeinschaft bezieht. Ein Widerruf derartiger Vollmachten ist jederzeit möglich.

eines Verwalters nicht mehr möglich (5 Ob 189/97y). Ausnahme: Es betrifft das Rechtsverhältnis zwischen der Gemeinschaft und dem Verwalter (z.B. Honorar oder Kündigung). Oder es besteht ein Interessenskonflikt zwischen dem Verwalter und einem Dritten und es wird (wurde) gemäß § 22 WEG ein Eigentümervertreter zur Vertretung der Eigentümergemeinschaft gewählt.

Die Vollmacht des Hausverwalters ist eine gesetzliche Formalvollmacht, die im Außenverhältnis (gegenüber gutgläubigen Dritten) nicht wirksam eingeschränkt werden kann (2 Ob 55/13x). Der Grund dafür liegt darin, dass sich im Geschäftsverkehr z.B. ein Handwerker darauf verlassen können muss, dass ein Reparaturauftrag, den ihm ein bestellter Verwalter erteilt, auch hält.

Die Verwaltervollmacht umfasst alle mit der Liegenschaft zusammenhängenden Maßnahmen der (ordentlichen und außerordentlichen) Ver-

Eigentümervertreter (§ 22 WEG)

Die Mehrheit der Wohnungseigentümer kann aus ihrer Mitte einen Eigentümervertreter gemäß § 22 WEG wählen (für maximal zwei Jahre). In der Praxis kommt ein solcher Eigentümervertreter praktisch nicht vor. Er ist von einer „Hausvertrauensperson" insofern zu unterscheiden, als ihm Vertretungsbefugnis für die Eigentümergemeinschaft zukommt. Dies allerdings nur in zwei Fällen: erstens bei Streitigkeiten zwischen der Eigentümergemeinschaft und dem Verwalter gegenüber diesem (z.B. über die Höhe des Verwalterhonorars); zweitens gegenüber Dritten (Firmen) – allerdings nur, soweit der jeweilige Geschäftsbereich durch einen Interessenkonflikt des Verwalters beeinträchtigt ist.

Die Eigentümergemeinschaft ist keine „Nebenregierung"

Eine Verpflichtung zur Bestellung eines Verwalters gibt es nicht. Sobald aber ein Verwalter bestellt worden ist, geht die Vertretungsbefugnis für die Eigentümergemeinschaft auf ihn über. Nur mehr er vergibt z.B. Aufträge an die Handwerker. Die Wohnungseigentümer können dann keine rechtswirksamen Handlungen mehr für die Eigentümergemeinschaft setzen. Zur Ausnahme Interessenskollision ► Seite 68.

waltung. Dazu gehört grundsätzlich auch die Vertretung der Eigentümergemeinschaft vor Behörden bzw. die Beauftragung eines Rechtsanwaltes (5 Ob 268/08f). Ebenso darf der Verwalter eine andere Person (sogar auch einen einzelnen Wohnungseigentümer) bevollmächtigen, die dann unter seiner Verantwortung für die Gemeinschaft tätig wird (5 Ob 230/08x).

Ein Verwalter darf sich vertreten lassen

Der Verwalter ist Vertreter der Eigentümergemeinschaft, nicht aber des einzelnen Wohnungseigentümers (5 Ob 175/08h). So ist es grundsätzlich keine Aufgabe des Verwalters, sich um Angelegenheiten einer Vermietung durch einen einzelnen Wohnungseigentümer zu kümmern. Dergleichen müsste gesondert und individuell vereinbart werden.

Die gesetzliche Formalvollmacht des Verwalters ist zwar eine weitreichende, sogenannte „Verfügungshandlungen" (► Seite 34) der Wohnungseigentümer sind von dieser Vollmacht aber nicht umfasst (5 Ob 20/01d). So ist der Verwalter nicht berechtigt, die Zustimmung zu genehmigungspflichtigen Änderungen einzelner Wohnungseigentümer zu erteilen (► Seite 39). Und es ist grundsätzlich auch nicht seine Aufgabe, bei Streitigkeiten zwischen zwei Wohnungseigentümern als „Schiedsrichter" aufzutreten. Gerichtliche Schritte zur Störungsabwehr sind prinzipiell von den einzelnen Wohnungseigentümern zu setzen (► Seite 36).

Gefahr im Verzug

Nur in dringenden Fällen darf ein einzelner Wohnungseigentümer trotz Verwalterbestellung für die Eigentümergemeinschaft auftreten – z.B., wenn bei einem Wasserrohrbruch ein Installateur verständigt werden muss und der Verwalter nicht erreichbar ist. Setzt ein Wohnungseigentümer in solchen Fällen zweckmäßige Maßnahmen, sind ihm angefallene Kosten von der Eigentümergemeinschaft zu ersetzen (§ 30 Abs. 3 WEG).

Auftrag an den Verwalter

Nicht alles, was ein Verwalter aufgrund seiner Formalvollmacht im Außenverhältnis tun kann, ist ihm gegenüber den Wohnungseigentümern auch erlaubt. Von der Vollmacht des Verwalters ist seine Beauftragung durch die Eigentümergemeinschaft zu unterscheiden, seine Berechtigung im Innenverhältnis.

Im Innenverhältnis ist der Verwalter ausschließlich zu Maßnahmen der ordentlichen Verwaltung (► Seite 113) berechtigt. Nur hier darf der Verwalter – so keine Einschränkungen vereinbart wurden oder eine Weisung der Mehrheit dem entgegensteht – auch ohne Beschlüsse der Eigentümergemeinschaft nach eigenem pflichtgemäßen Ermessen agieren (5 Ob 112/07t). Setzt der Verwalter hingegen Maßnahmen der außerordentlichen Verwaltung (► Seite 119), ohne dass diese von einem entsprechenden Eigentümerbeschluss gedeckt sind, setzt er im Innen-

Beispiel

Die Hausverwaltung XY GesmbH ist zum Verwalter einer Wohnungseigentumsanlage bestellt. Zum wiederholten Mal schon ruft ein und dieselbe Wohnungseigentümerin beim zuständigen Sachbearbeiter der XY GesmbH an. Die Anruferin will wissen, wann denn endlich eine Wäschespinne im gemeinsamen Garten aufgestellt wird. Der Sommer naht, und es läge doch im Interesse aller Wohnungseigentümer, die Wäsche im Garten trocknen lassen zu können. Prospektmaterial habe sie der Hausverwaltung doch längst schon übermittelt. Es sei höchste Zeit, dass die Hausverwaltung den Ankauf und die Montage einer solchen Wäschespinne nun auf Kosten der Gemeinschaft (Rücklage) veranlasse. Bei der Errichtung einer Wäschespinne an allgemeinen Hausteilen handelt es sich um eine Maßnahme der außerordentlichen Verwaltung. Und zwar um eine Veränderung (Verbesserung) allgemeiner Hausteile, die von der Mehrheit der Wohnungseigentümer beschlossen werden muss (5 Ob 369/97v). Wenn kein entsprechender (unangefochtener) Beschluss vorliegt, darf der Verwalter dem Wunsch der Anruferin in diesem Beispiel nicht nachkommen. Die Beauftragung einer Firma zur Errichtung einer Wäschespinne wäre zwar im Namen der Eigentümergemeinschaft wirksam, im Innenverhältnis würde sich der Verwalter aber pflichtwidrig verhalten, weshalb er letztendlich auf den entstehenden Kosten „sitzen bleiben" könnte.

verhältnis ein pflichtwidriges Verhalten, das sanktioniert werden kann (5 Ob 127/09a).

Verwaltungsvertrag

Die Bestellung eines Verwalters bedeutet in aller Regel zugleich auch den Abschluss eines Verwaltungsvertrages. Dieser besteht ausschließlich zwischen der Eigentümergemeinschaft und dem Verwalter, der ungeachtet dessen auch individuelle Pflichten gegenüber den einzelnen Wohnungseigentümern wahrzunehmen hat.

Die Verwaltungstätigkeit kann an sich auch ohne besonderen schriftlichen Verwaltungsvertrag ausgeübt werden. Nachdem es sich bei der Verwaltervollmacht um eine gesetzliche Formalvollmacht handelt, würde die bloße Bestellung zum Verwalter (durch einen Mehrheitsbeschluss der Wohnungseigentümer und das Einverständnis des Verwalters) schon ausreichen. Der Umfang der Vollmacht des Verwalters und seine Pflichten ergäben sich dann aus den gesetzlichen Bestimmungen. Sinnvoll ist der Abschluss eines schriftlichen Verwaltungsvertrages aber allemal. Darin können die gesetzlichen Pflichten des Verwalters im Innenverhältnis ver-

Der Verwalter ist Vertragspartner der Eigentümergemeinschaft

Hinweis Verwalterhonorar

Eine gesetzliche Obergrenze besteht nur, wenn die Verwaltung durch eine gemeinnützige Bauvereinigung erfolgt. Pro Eigentumswohnung und Jahr darf eine GBV für die laufenden Agenden derzeit (Stand 1. April 2023) ein Verwaltungskostenpauschale von maximal 331,68 Euro vorschreiben. Für Garageneinstellplätze darf höchstens die Hälfte dieses Betrages und für Kfz-Abstellplätze höchstens ein Fünftel davon als Verwaltungskosten eingehoben werden. Bei Geschäftsräumen gilt die Obergrenze nicht (§ 6 Entgeltrichtlinienverordnung). Mit gewerblichen Verwaltern wird in der Praxis oft das Verwaltungskostenpauschale aus dem Mietrechtsgesetz für die laufend anfallenden Verwalterleistungen vereinbart. Dieses beträgt derzeit (Stand 1. April 2023) 4,23 Euro pro m² Nutzfläche und Jahr. Aber auch ein höheres Honorar kann zulässigerweise vereinbart werden.

Hinweis

Die Individualrechte der einzelnen Wohnungseigentümer können durch den Verwaltungsvertrag nicht beschränkt werden.

deutlicht bzw. auch erweitert werden. Außerdem sollten jedenfalls die Entgeltsansprüche des Verwalters präzise festgehalten werden.

Mangels besonderer Vereinbarung steht einem gewerberechtlich befugten Verwalter für seine Tätigkeit ein „angemessenes" Honorar zu (5 Ob 152/98h). Der Honoraranspruch des Verwalters verjährt nach drei Jahren. Was unter welchen Umständen als „angemessen" gilt, ist jedoch oft nicht einfach zu klären. Verbindliche Vorschriften zur maximalen Höhe des Verwalterhonorares bestehen (für die Verwaltung von Wohnungseigentumsobjekten) nur für gemeinnützige Bauvereinigungen. Wurde ein (pauschales) Verwalterhonorar vereinbart, steht dem Verwalter darüber hinaus grundsätzlich kein Auslagenersatz (Sachaufwand für Fachliteratur, Büromaterial etc.) zu (5 Ob 263/07y). Nicht regelmäßig anfallende (Extra-)Leistungen können dagegen gesondert zu honorieren sein.

Zur Vermeidung von Streitigkeiten über die Angemessenheit des Honorares ist es daher empfehlenswert, eine möglichst konkrete schriftliche Vereinbarung zu dieser Frage zu treffen. Der Verwaltungsvertrag sollte einen Leistungskatalog für regelmäßig anfallende Verwaltungsarbeiten enthalten und diesen ein (wertgesichertes) Pauschalhonorar gegenüberstellen. Darüber hinaus sollte aus dem Verwaltungsvertrag hervorgehen, für welche Zusatzleistungen des Verwalters (z.B. Organisation und Beaufsichtigung größerer Reparaturarbeiten, zusätzliche Hausversammlungen etc.) in welcher Höhe Sonderentgelte zu bezahlen sind.

Wichtige Vertragspunkte

Vertragsdauer und Kündigungsmöglichkeit (siehe auch ► Seite 172). Soll der Verwaltungsvertrag unbefristet oder auf bestimmte Dauer abgeschlossen werden? Beim unbefristeter Verwaltungsvertrag kann nach den gesetzlichen Bestimmungen von der Eigentümergemeinschaft mit ausreichender Mehrheit oder auch vom Verwalter die (ordentliche)

Kündigung unter Einhaltung einer dreimonatigen Frist zum Ende jeder Abrechnungsperiode (im Regelfall also zum Ende des jeweiligen Kalenderjahres) erfolgen. Befristete Verwaltungsverträge enden prinzipiell aber erst nach Ablauf der vereinbarten Dauer. Eine vorzeitige Möglichkeit zur (ordentlichen) Kündigung sieht das Gesetz hier erst nach dem Ablauf von drei Jahren Vertragsdauer vor, zum Ende der nächsten Abrechnungsperiode.

Honorar des Verwalters. Es empfiehlt sich, die Höhe des jährlichen Verwalterhonorares (fällig in monatlichen Raten) als Pauschale zu vereinbaren. Aus der Vereinbarung sollte klar hervorgehen, ob bzw. unter welchen Voraussetzungen eine Wertsicherung des Pauschalhonorares erfolgen darf (z.B. eine entsprechende Anpassung des Honorares jeweils bei Veränderungen des Verbraucherpreisindex um mehr als fünf Prozent). Der Vereinbarung sollte sich auch entnehmen lassen, was als Sonderleistung des Verwalters gilt und vom Pauschalhonorar nicht erfasst, sondern zusätzlich zu bezahlen ist. Das könnte z.B. ein Bauverwaltungshonorar von fünf Prozent bei Großreparaturen (die einen Betrag von 5.000 Euro überschreiten) sein oder die Abhaltung zusätzlicher Eigentümerversammlungen zu einem bestimmten Stundensatz (z.B. ab der zweiten Versammlung pro Kalenderjahr). Mit einer präzise formulierten Honorarvereinbarung lassen sich spätere Diskussionen darüber vermeiden, welches Honorar für welche Verwalterleistungen als vereinbart gilt bzw. für welche Extras dem Verwalter ein „angemessenes Entgelt" zusteht.

Klare Honorarvereinbarungen machen für alle Beteiligten Sinn

Eigenkonto (siehe auch ► Seite 128). Der Verwalter ist zur gesonderten Kontoführung verpflichtet. Diese gesetzliche Auflage wäre bereits erfüllt, wenn der Verwalter alle die Eigentümergemeinschaft betreffende Ein- und Auszahlungen über ein sogenanntes „Anderkonto" durchführt. Dasselbe gilt für die fruchtbringende Anlage der Rücklage. „Anderkonto" bedeutet hier bloß, dass der Verwalter für alle Liegenschaften, die er verwaltet, separate Konten führen muss. Nachdem ein „Anderkonto" aber auf den Namen des Verwalters lautet, geht ein Erlag jeweils ins Eigentum des Verwalters über. Im Falle der Insolvenz eines Verwalters kann es beim „Anderkonto" zu Problemen (Verzögerungen etc.) kommen, ebenso können

Schwierigkeiten bei einem Verwalterwechsel entstehen. Wir empfehlen daher dringend, den Verwalter hinsichtlich sämtlicher Ein- und Auszahlungen sowie der bestmöglichen Veranlagung der Rücklage bereits mit schriftlichem Verwaltungsvertrag zur Führung von „Eigenkonten" der Eigentümergemeinschaft zu verpflichten. Ein „Eigenkonto" hat auf den Namen der Eigentümergemeinschaft zu lauten. Erläge bleiben dann im Eigentum der Gemeinschaft. Der Verwalter führt ein solches Konto „bloß" als Vertreter der Gemeinschaft, nicht aber im eigenen Namen.

Eigentümerversammlungen (siehe auch ► Seite 78). Nach den gesetzlichen Bestimmungen müsste der Verwalter grundsätzlich nur alle zwei Jahre eine Eigentümerversammlung einberufen. Wir empfehlen jedoch, den Verwalter vertraglich zur Abhaltung mindestens einer Eigentümerversammlung pro Kalenderjahr zu verpflichten. Die jährliche Versammlung sollte sinnvollerweise entweder anlässlich der Übergabe der Jahresabrechnung oder der Vorausschau erfolgen. Eine Klarstellung, dass die Abhaltung der jährlichen Eigentümerversammlung mit dem Pauschalhonorar abgegolten ist, kann nicht schaden.

Bindung an Beschlüsse (siehe auch ► Seite 85). Maßnahmen der ordentlichen Verwaltung darf ein Verwalter – sofern nichts anderes vereinbart wurde – prinzipiell eigenverantwortlich veranlassen, ohne zuvor einen Beschluss der Eigentümergemeinschaft einzuholen. Vor Verbesserungsarbeiten hat der Verwalter hingegen immer einen Beschluss einzuholen.

Verwalterpflichten können vertraglich erweitert werden

Die gesetzlichen Vorschriften verpflichten den Verwalter, für Erhaltungsarbeiten, die über die laufende Instandhaltung hinausgehen, und für größere Verbesserungsarbeiten jedenfalls drei Angebote verschiedener Firmen einzuholen. Über die gesetzlichen Mindestanforderungen hinausgehend empfehlen wir: Der Verwalter soll vor jeder Auftragsvergabe mit einer Auftragssumme von xx.000 Euro drei Kostenvoranschläge einholen und den Wohnungseigentümern zur Entscheidung binnen einer Frist von xx Wochen vorlegen. Treffen die Wohnungseigentümer binnen dieser Frist keinen Mehrheitsbeschluss, hat der Verwalter selbst über die Auftragsvergabe zu entscheiden. In dringenden Fällen (z.B. defekte Gasleitung) muss der Verwalter aber immer sofort entscheiden.

Versicherungen. Zu den Pflichten des Verwalters gehört es auch, für die angemessene Versicherung der Liegenschaft zu sorgen sowie Versicherungsfälle abzuwickeln. Um spätere Streitpunkte zu vermeiden, kann es Sinn machen, bereits anlässlich der Verwalterbestellung zu erörtern, welche Versicherungsverträge abgeschlossen bzw. aufgekündigt werden sollen. Das Ergebnis dieser Erörterung sollte in den schriftlichen Verwaltungsvertrag einfließen. Vor einem Abschluss sollen Angebote verschiedener Versicherungen eingeholt werden. Es ist abzuklären, wem eine allfällige Abschlussprovision zufließen soll.

Sonstige Klarstellungen. Im schriftlichen Verwaltungsvertrag kann auch auf Verwalterpflichten hingewiesen werden, die ohnehin schon aufgrund der gesetzlichen Vorschriften bestehen. So etwa darauf, dass Zinsen, Erträge, Skonti und Rabatte vom Verwalter an die Eigentümergemeinschaft herauszugeben sind. Oder darauf, dass seitens des Verwalters in periodischen Abständen eine Überprüfung des Bauzustandes (vor Ort) vorzunehmen ist.

Willensbildung: Eigentümerversammlung und Beschlüsse

Auch wenn ein Verwalter bestellt ist, können Sie als Wohnungseigentümer an der internen Willensbildung mitwirken. Für die meisten Belange reichen Mehrheitsentscheidungen aus. Die Mehrheit wird nach Liegenschaftsanteilen berechnet.

Eigentümerversammlung (§ 25 WEG)

Zur Willensbildung in der Eigentümergemeinschaft soll nach den Intentionen des Gesetzgebers vornehmlich die Eigentümerversammlung dienen. In der Versammlung sollen nach vorheriger Diskussion Beschlüsse gefasst werden. Die Regelungen zur Eigentümerversammlung und zur Beschlussfassung sind im Gesetz teilweise sehr detailliert ausgeführt. Wollen Sie als Wohnungseigentümer einen wirksamen Beschluss herbeiführen, ist es wichtig, dass Sie die im Folgenden beschriebenen Regelungen genau beachten. Beschlüsse können immer nur zu Maßnahmen der ordentlichen und außerordentlichen Verwaltung gefasst werden (Näheres dazu ► Seite 84). Manche Maßnahmen bedürfen immer der Einstimmigkeit. Dazu gehört z.B. die Umwidmung der ehemaligen Hausbesorgerdienstwohnung samt anschließendem Verkauf. Da sich damit auch die Eigentumsverhältnisse ändern, bedarf eine derartige Maßnahme der Einstimmigkeit aller Miteigentümer.

Einberufung der Eigentümerversammlung

Ist ein Verwalter bestellt, hat er eine Eigentümerversammlung jedenfalls alle zwei Jahre einzuberufen. Eine Verkürzung, aber auch Verlängerung dieser Frist kann vom Verwalter mit den Wohnungseigentümern oder von diesen mit Zweidrittelmehrheit beschlossen werden.

Hinweis

Die im Grundbuch aufscheinenden Anschriften sind häufig jene Adressen, die zum Zeitpunkt des Wohnungserwerbs aktuell waren. Spätere Übersiedlungen, entweder in die erworbene Wohnung oder woandershin, werden im Grundbuch nicht „automatisch" erfasst. Änderungen erfolgen nur über Antrag des Wohnungseigentümers. Nachdem dies mit Kosten verbunden ist, wird es im Regelfall nicht gemacht. Die Anschriften im Grundbuch sind daher nur selten aktuell. Nach der Rechtsprechung ist eine Berichtigung im Grundbuch nicht erforderlich, es genügt die Bekanntgabe einer anderen inländischen Zustellanschrift an den Verwalter (5 Ob 238/12d).

Tipp

Wir empfehlen, jedes Jahr eine Eigentümerversammlung mit dem Verwalter abzuhalten. Nehmen Sie diese Verpflichtung gleich in den Verwaltungsvertrag auf und achten Sie darauf, dass die Teilnahme an der Versammlung durch das laufende Verwalterhonorar gedeckt ist. Für die Eigentümerversammlung bieten sich zwei Anknüpfungspunkte an: entweder die Abrechnung über das Vorjahr, die bis längstens 30. Juni des Folgejahres zu legen ist, oder die Vorausschau für die Folgejahre, die Ihnen bis Jahresende zukommen muss.

Jeder Wohnungseigentümer kann eine Eigentümerversammlung einberufen

Darüber hinaus hat der Verwalter eine Eigentümerversammlung einzuberufen, wenn dies mindestens drei Wohnungseigentümer, die zusammen mindestens ein Viertel der Anteile haben, von ihm schriftlich unter Angabe eines wichtigen Grundes verlangen. Weiters hat jeder Wohnungseigentümer das Recht, selbst eine Eigentümerversammlung einzuberufen. Für geplante Beschlussfassungen ist zu beachten, dass alle Formvorschriften eingehalten werden.

Tag und Zeitpunkt einer Eigentümerversammlung sind vom Verwalter so zu wählen, dass voraussichtlich möglichst viele Wohnungseigentümer daran teilnehmen können.

Die Einberufung der Eigentümerversammlung und die dabei zur Beschlussfassung anstehenden Themen sind jedem Wohnungseigentümer mindestens zwei Wochen vor dem Termin zweifach zur Kenntnis zu bringen, nämlich durch Anschlag an einer deutlich sichtbaren Stelle des Hauses („Schwarzes Brett") und durch Übersendung in Schriftform an die Anschrift des Wohnungseigentumsobjektes bzw. eine andere bekanntgegebene Zustellanschrift im Inland. Über Wunsch des Wohnungseigentümers tritt an die Stelle der schriftlichen eine elektronische Übermittlung.

Die Einhaltung dieser Formvorschriften trifft auch jeden Wohnungseigentümer, der selbst eine Eigentümerversammlung einberufen möchte. Der Verwalter muss über Verlangen eines Wohnungseigentümers, der zur Verständigung der anderen Wohnungseigentümer deren Namen und Zustelladressen braucht, die entsprechenden Angaben herausgeben. E-Mail-Adressen dürfen jedoch nur mit ausdrücklicher Einwilligung der Wohnungseigentümer mitgeteilt werden (§ 20 Abs. 8 WEG).

Angabe der zur Beschlussfassung anstehenden Themen

Das Beschlussthema ist rechtzeitig bekannt zu geben

Diesem Punkt kommt erhebliche Bedeutung zu, weil „wirksame" Beschlüsse immer nur zu vorher bekannt gegebenen Themen gefasst werden können. Zum Beschlussgegenstand werden sowohl hinsichtlich der Art als auch der zu erwartenden Kosten (wirtschaftliche Bedeutung insbesondere in Zusammenhang mit der vorhandenen Rücklage) Angaben zu machen sein. So genügt es etwa nicht, als Tagesordnungspunkt nur das Stichwort „Reparaturarbeiten" anzuführen, wenn zu notwendigen Arbeiten bereits Kostenvoranschläge eingeholt wurden, und die Gemeinschaft entscheiden soll, welcher Handwerker beauftragt wird.

Wird die Angabe des Beschlussgegenstandes in der Einladung unterlassen, kann auf der Eigentümerversammlung kein wirksamer Beschluss gefasst werden, weil noch nicht allen Wohnungseigentümern Gelegenheit zur Äußerung gegeben worden ist. Trotzdem kann in der Eigentümerversammlung bereits mit der Abstimmung begonnen werden, nur muss sie dann im Umlaufverfahren fortgesetzt werden (► Seite 82).

Niederschrift über die Eigentümerversammlung – Verwalterpflicht (§ 25 Abs. 3 WEG)

Der Verwalter hat über die Teilnehmer und über das Geschehen auf der Eigentümerversammlung, insbesondere über Abstimmungen und gefasste Beschlüsse, eine Niederschrift aufzunehmen und diese jedem Wohnungseigentümer zweifach zur Kenntnis zu bringen. Nämlich durch Anschlag an einer deutlich sichtbaren Stelle des Hauses („Schwarzes Brett") und durch Übersendung in Schriftform an die Anschrift des Wohnungseigentumsobjektes bzw. eine andere bekannt gegebene Zustellanschrift im Inland. Über Wunsch des Wohnungseigentümers tritt an die Stelle der schriftlichen eine elektronische Übermittlung.

Abstimmungen auf der Eigentümerversammlung

Videokonferenzen sind kein Muss

Der Verwalter kann Wohnungseigentümern die Möglichkeit zur Teilnahme an der Eigentümerversammlung im Wege elektronischer Kommunikation, etwa durch eine Videokonferenz-Verbindung, einräumen. Er muss es aber nicht tun (§ 25 Abs. 2a WEG). Umgekehrt muss kein Wohnungseigentümer dulden, dass eine Eigentümerversammlung ausschließlich im Wege elektronischer Kommunikation stattfindet.

Für die Teilnahme an der Abstimmung, die Ermöglichung von Äußerungen und die Stimmrechte gelten bei den Eigentümerversammlungen dieselben Regeln wie bei jeder Beschlussfassung (siehe ► Seite 85).

Die Stimmen der Wohnungseigentümer haben nicht dieselbe Gewichtung. Das liegt daran, dass sich Mehrheiten nicht nach Köpfen sondern nach den jeweiligen Liegenschaftsanteilen der Wohnungseigentümer errechnen.

Seit 1. Juli 2022 kennt das Wohnungseigentumsgesetz zwei Formen der Mehrheitsfindung:

- Ein Mehrheitsbeschluss kommt zustande, wenn der Beschluss von der Mehrheit (also zumindest 50,01 Prozent) aller Miteigentumsanteile getragen wird (**absolute Mehrheit**, wie schon bisher).
- Ein Beschluss kommt aber auch schon dann zustande, wenn er mit einer **qualifizierten Mehrheit** von zwei Drittel der abgegebenen Stimmen (berechnet nach deren Miteigentumsanteilen) zumindest ein Drittel (wenigstens 33,34 Prozent) sämtlicher Liegenschaftsanteile erreicht.

Auf die neuen Bestimmungen zur Mehrheitsfindung wird ab ► Seite 89 näher eingegangen.

Wurde auf der Eigentümerversammlung mit ausreichender Mehrheit ein Beschluss gefasst, so ist vom Verwalter oder vom Initiator der Abstimmung (wenn der Verwalter nicht dabei war) in allen Fällen die Verständigung über die Beschlussfassung vorzunehmen wie auf ► Seite 93 beschrieben.

Wurde dagegen auf einer Eigentümerversammlung mit einer Abstimmung über einen Antrag begonnen, der dort keine ausreichende

Stellvertretung

Hat ein Wohnungseigentümer keine Zeit an einer Hausversammlung teilzunehmen, kann er sich hinsichtlich seiner Äußerungs- und Stimmrechte auch vertreten lassen. Dazu bedarf es grundsätzlich einer schriftlichen Vollmacht (siehe ► Seite 87).

Mehrheit gefunden hat, so ist mit dem additiven (ergänzendem Umlaufverfahren) fortzusetzen.

Additives Umlaufverfahren nach einer Eigentümerversammlung (§ 25 Abs. 3 WEG)

Im zweiten Anlauf kann doch noch ein Beschluss zustande kommen

Wurde bei der Eigentümerversammlung über einen Antrag abgestimmt und hat die Abstimmung keine ausreichende Mehrheit dafür ergeben, so greift das additive (ergänzende) Abstimmungsverfahren. Der Verwalter hat die bei der Versammlung nicht anwesenden Wohnungseigentümer aufzufordern, sich ihm gegenüber binnen einer bestimmten Frist zu dem Antrag zu äußern (abzustimmen).

Diese Regelung gelangt also nur dann zur Anwendung, wenn das Zustandekommen eines Beschlusses (nach Abstimmungsbeginn in einer Eigentümerversammlung) rechnerisch noch möglich ist und/oder der Beschlussgegenstand nicht in der Ladung ausgewiesen war.

Wurde hingegen bereits in der Eigentümerversammlung – nach ordnungsgemäßer Ladung – eine entsprechende Mehrheit gefunden, so liegt bereits ein (Mehrheits-)Beschluss vor. Die restlichen Wohnungseigentümer brauchen daher gar nicht mehr „ergänzend" abzustimmen. Das additive Verfahren hat der Verwalter in vier Fällen anzuwenden:

- Bei der Eigentümerversammlung ist keine ausreichende Mehrheit anwesend, sie ist daher keinesfalls beschlussfähig. Es wird trotzdem mit der Abstimmung über einen ordnungsgemäß angekündigten Antrag begonnen. Diese Abstimmung muss daher fortgesetzt werden. Die Wohnungseigentümer, die ihre Stimme bereits bei der Eigentümerversammlung abgegeben haben, sind an ihr Stimmverhalten gebunden (keine Änderungsmöglichkeit während der Äußerungsfrist für die bei der Versammlung nicht Anwesenden).

- Bei der Eigentümerversammlung ist keine ausreichende Mehrheit anwesend, sie ist daher keinesfalls beschlussfähig. Es wird trotzdem mit der Abstimmung über einen nicht ordnungsgemäß angekündigten Antrag begonnen. Die Abstimmung muss fortgesetzt werden, um auch den nicht Anwesenden Gelegenheit zu Stellungnahme und Stimmabgabe zu geben. Die Wohnungseigentümer, die ihre Stimme bereits bei der Eigentümerversammlung abgegeben haben, können ihr Stimmverhalten noch ändern. Jedenfalls während der Äußerungsfrist für die bei der Versammlung nicht Anwesenden. (Nach § 24 Abs. 1 WEG tritt so lange keine Bindung ein, als den anderen noch die Äußerung offensteht.)
- Bei der Eigentümerversammlung ist die ausreichende Mehrheit (aber nicht alle Anteile) anwesend, sie ist daher prinzipiell beschlussfähig. Die Abstimmung über einen ordnungsgemäß angekündigten Antrag führt zu keiner ausreichenden Mehrheit für diesen Antrag. Jetzt ist zu prüfen, ob die Stimmen der bei der Versammlung nicht Anwesenden theoretisch ausreichen würden, um eine ausreichende Mehrheit für den Antrag zu finden. Zutreffendenfalls muss die Abstimmung fortgesetzt werden. Die Wohnungseigentümer, die ihre Stimme bereits bei der Eigentümerversammlung abgegeben haben, sind an ihr Stimmverhalten gebunden (keine Änderungsmöglichkeit während der Äußerungsfrist für die bei der Versammlung nicht Anwesenden).
- Bei der Eigentümerversammlung ist die ausreichende Mehrheit (aber nicht alle Anteile) anwesend, sie ist daher prinzipiell beschlussfähig. Es wird über einen nicht ordnungsgemäß angekündigten Antrag abgestimmt. Die Abstimmung ist zwingend – unabhängig vom Abstimmungsergebnis – mit dem additiven Verfahren fortzusetzen, weil noch nicht allen Wohnungseigentümern Gelegenheit zur Äußerung gegeben worden ist. Die Wohnungseigentümer, die ihre Stimme bereits bei der Eigentümerversammlung abgegeben haben, können ihr Stimmverhalten noch ändern.

Eine nicht abgegebene Stimme zählt als „Nein-Stimme"

Das additive Verfahren ist sozusagen eine „zweite Chance", um einen Beschluss zustande zu bringen. Die Wohnungseigentümer können jedoch weder bei der Eigentümerversammlung noch im fortgesetzten Verfahren zur Stimmabgabe gezwungen werden. Nicht abgegebene Stimmen gelten immer als ablehnende Stimmen!

Beschlüsse – Willensbildung innerhalb der Eigentümergemeinschaft

Beschlussfassungen (§ 24 Abs. 1 WEG) dienen dazu, innerhalb der Eigentümergemeinschaft Entscheidungen in Angelegenheiten der Verwaltung zu treffen. In Angelegenheiten, die nicht zur Verwaltung zählen (z.B. für die wirksame Festlegung einer vom Gesetz abweichenden Aufteilung der Betriebskosten), müssen die Wohnungseigentümer hingegen eine einstimmige schriftliche Vereinbarung treffen.

Jedem ist Gelegenheit zur Äußerung zu geben

Unabdingbare Voraussetzung für das Zustandekommen eines gültigen (mängelfreien) Beschlusses ist, dass alle Wohnungseigentümer über die geplante Beschlussfassung (Gegenstand des beabsichtigten Beschlusses) rechtzeitig informiert werden und ihnen die Möglichkeit zur Stellungnahme und Äußerung eingeräumt wird (2 Ob 206/15b). Die Wohnungseigentümer sind in der Einladung zur Beschlussfassung auf die zwei unterschiedlichen Möglichkeiten der Mehrheitsbildung ausdrücklich hinzuweisen.

Jedem Wohnungseigentümer ist eine Verständigung von der beabsichtigten Beschlussfassung an die Adresse seiner Eigentumswohnung zu übersenden. Der Wohnungseigentümer kann jedoch wahlweise auch eine andere inländische Anschrift bekannt geben. Dann ist dort zuzustellen. Wohnt er überhaupt nicht im betreffenden Gebäude, muss er eine andere Zustellanschrift im Inland bekannt geben. Einladungen zu Hausversammlungen sind sowohl jedem Wohnungseigentümer durch Übersendung als auch durch Hausanschlag bekannt zu geben. Anstelle der Zustellung durch die Post kann jeder Wohnungseigentümer die Übermittlung aller Verständigungen durch den Verwalter auf elektronischem Weg (per E-Mail) verlangen.

Beschlussfassung (§ 24 Abs. 1 WEG)

Beschlüsse können entweder in einer Eigentümerversammlung (siehe oben) oder im Umlaufweg („Umlaufbeschluss") gefasst werden. Den additiven Umlaufbeschluss, ergänzend zu einer Eigentümerversammlung, haben wir ebenfalls bereits beschrieben. Daneben kann jedoch ein Umlaufbeschluss auch auf andere Weise, unabhängig von einer Eigentümerversammlung, gefasst werden.

Beschlüsse können immer nur dann wirksam gefasst werden, wenn allen(!) Wohnungseigentümern Gelegenheit zur Äußerung (und natürlich zur Stimmabgabe) gegeben worden ist. Sie müssen nur die Gelegenheit dazu haben, es ist aber nicht abzuwarten, bis sich alle geäußert haben.

Dasselbe gilt beim Umlaufverfahren, wo allen die Möglichkeit zur Äußerung binnen angemessener Frist zu geben ist. Die Angemessenheit hängt immer vom Thema ab. Je komplexer, desto länger wird die Frist sein müssen. Eine Frist von weniger als 14 Tagen wird in der Regel zu kurz sein.

Die Stimmen bei Umlaufbeschlüssen können mittels Unterschriftenlisten, mit Stimmzetteln, per Fax oder E-Mail gesammelt werden. In kleinen Wohnhausanlagen wird es oft entsprechend einfacher sein, hier genügt neben dem Gespräch im Stiegenhaus oft schon ein telefonischer Rundruf an alle Wohnungseigentümer, um einen Mehrheitsbeschluss zu fassen. Aber auch dann ist es empfehlenswert, auf einer einfachen Liste das Stimmverhalten der einzelnen Wohnungseigentümer festzuhalten. Die Liste mit dem Stimmverhalten kann dann gleich gemeinsam mit der Bekanntgabe über den gefassten Beschluss am „Schwarzen Brett" ausgehängt werden.

Hat ein Wohnungseigentümer seine Erklärung (Zustimmung/Ablehnung) zu einem bestimmten Beschlussgegenstand bereits abgegeben,

Beispiel

In der ordnungsgemäßen Einladung zur Eigentümerversammlung wird der Beschlussgegenstand angeführt und in der Versammlung wird darüber gesprochen. Damit wurde bereits allen Gelegenheit zur Äußerung gegeben, unabhängig davon, ob sie an der Versammlung teilgenommen haben oder nicht.

Beispiel

Herr A. (Top 5) ist einer von zwanzig Wohnungseigentümern, die alle selbst im Haus wohnen. Er ist mit der Hausreinigungsfirma unzufrieden, weil diese unzuverlässig ist. Mehrmalige Anrufe bei der Verwaltung haben keine Besserung gebracht. Er möchte daher, dass der Werkvertrag gekündigt und eine andere Firma beauftragt wird.

Er verfasst einen kurzen Brief, in dem er den Sachverhalt aus seiner Sicht darlegt. Er ersucht die anderen Wohnungseigentümer, sich an der Abstimmung zu beteiligen, indem sie das beigelegte Abstimmungsblatt binnen 14 Tagen, bis längstens _______, ausgefüllt zu ihm bringen oder in seinen Postkasten werfen. Am Abstimmungsblatt steht der Beschlussgegenstand: „Kündigung des Werkvertrages mit der aktuellen Reinigungsfirma zum nächstmöglichen Termin und Beauftragung einer anderen Firma." Darunter zum Ankreuzen: Ich bin dafür 0 und ich bin dagegen 0. Meine Tür Nr. ist ___, meine (unsere) Miteigentumsanteile betragen ________. Unterschrift: ________________

(Im Falle von Eigentümerpartnern müssen beide mitstimmen und unterschreiben bzw. eine Vollmacht beilegen.)

Den Brief samt Stimmzettel wirft Herr A. allen Nachbarn in deren Postkästen. Sind nach Ablauf der gesetzten Frist genügend Ja-Stimmen, d.h. mehr als die Hälfte der Miteigentumsanteile oder zumindest zwei Drittel der abgegebenen Stimmen (berechnet nach deren Miteigentumsanteilen), die gleichzeitig wenigstens ein Drittel sämtlicher Liegenschaftsanteile ausmachen, eingelangt, so ist ein Umlaufbeschluss ordnungsgemäß zustande gekommen. Von der Beschlussfassung muss Herr A. jetzt noch alle Wohnungseigentümer schriftlich verständigen und zusätzlich einen Hausanschlag mit der „Rechtsbelehrung" über die Anfechtungsmöglichkeit anbringen. Da im gegenständlichen Fall allen Wohnungseigentümern Gelegenheit zur Äußerung gegeben worden ist und es sich um eine Maßnahme der ordentlichen Verwaltung handelt, kann der Beschluss sofort umgesetzt werden. Herr A. teilt das Beschlussergebnis deshalb auch der Hausverwaltung mit, die jetzt entsprechende Maßnahmen setzen muss.

so kann er sie bis zum Ende der Frist, die allen Wohnungseigentümern zur Äußerung offensteht, noch ändern – Änderung des Stimmverhaltens (§ 24 Abs. 1 letzter Halbsatz).

Beispiel

Der Verwalter versucht einen Beschluss im Umlaufverfahren herbeizuführen, indem er alle Wohnungseigentümer anschreibt und als Frist für die Äußerung der Wohnungseigentümer drei Wochen, Einlangen in seiner Kanzlei, festsetzt. Fragestellung: Soll für die Hausreinigungsarbeiten des Folgejahres die bisherige Reinigungsfirma weiter beauftragt werden? Der Wohnungseigentümer Maier gibt gleich nach Einlangen des Schreibens dem Verwalter seine Zustimmung schriftlich bekannt. In der Folgewoche spricht er mit mehreren Nachbarn über den anstehenden Beschluss und kommt für sich selbst zum Ergebnis, dass er den Antrag besser abgelehnt hätte. Da die Frist zur Äußerung noch offen ist, kann er seine Erklärung ändern und dies dem Verwalter mitteilen. Der muss dann die ablehnende Stimme von Herrn Maier berücksichtigen.

Stellvertretung (§ 24 Abs. 2 WEG)

Die Wohnungseigentümer können ihre Äußerungs- und Stimmrechte nicht nur persönlich, sondern auch durch einen Vertreter (z.B. Eigentümerpartner, Nachbar, Hausvertrauensmann etc.) ausüben. Die Befugnis ist auszuweisen durch eine schriftliche Vollmacht, nicht älter als drei Jahre, oder eine schriftliche Vorsorgevollmacht (gem. § 284f ABGB).
Liegt keine entsprechende Vollmacht vor, so besteht für den Wohnungseigentümer die Möglichkeit, das Handeln seines (vorgeblichen) Vertreters binnen 14 Tagen schriftlich zu genehmigen.

Liegt diese nachträgliche Genehmigung nicht fristgerecht vor, ist die Stimme nicht zu zählen! Damit kann sich bei einem zunächst „scheinbar" mehrheitlich gefassten zustimmenden Beschluss nachträglich auch eine Ablehnung ergeben.

Der Verwalter muss daher bei der Protokollierung von Beschlüssen im Rahmen einer Eigentümerversammlung auch auf das Vorliegen oder

Hinweis

Ein Eigentümerpartner, der gleichzeitig auch für seinen Partner einschreiten möchte, benötigt eine Vollmacht. Das gilt auch für Ehegatten! Eigentümerpartner haben keine Möglichkeit des „Stimmensplittings", sie müssen sich zunächst untereinander auf Zustimmung oder Ablehnung des Antrages einigen.

Fehlen von Vollmachten achten. Gegebenenfalls wird er die Wohnungseigentümer zur Vorlage der Vollmacht auffordern müssen.

Ausschluss vom Stimmrecht (§ 24 Abs. 3 WEG)

Bei Anschein von Befangenheit darf nicht mitgestimmt werden

Vom Stimmrecht ist ein Wohnungseigentümer ausgeschlossen, wenn es sich beim Gegenstand der beabsichtigten Beschlussfassung um ein Rechtsgeschäft, Rechtsverhältnis oder einen Rechtsstreit mit ihm selbst oder mit einer Person in einem familiären oder wirtschaftlichen Naheverhältnis handelt. Mit dieser Regelung sollen Interessenskollisionen verhindert werden. In der Praxis häufigster Fall ist wohl die Bestellung/ Kündigung eines Verwalters.

Die Kündigung des bisherigen Verwalters und die Bestellung eines neuen Verwalters sind zwar der ordentlichen Verwaltung zuzuordnen, dennoch sind es zwei verschiedene Beschlüsse, über die getrennt abgestimmt werden sollte. Dies insbesondere im Falle von Stimmrechtsausschlüssen. Hier ändert sich nämlich jedes Mal die numerische Anteilsmehrheit.

Beispiel

Der bisherige Verwalter, Herr V., ist auch Miteigentümer der Liegenschaft. Beim Beschluss über die Aufkündigung des Verwaltungsvertrages kommt ihm zwar ein Anhörungsrecht, aber kein Stimmrecht zu. Anders bei der Bestellung eines neuen Verwalters – hier hat Herr V. auch das Stimmrecht. Vielleicht ist bei diesem Beschluss ein anderer Wohnungseigentümer vom Stimmrecht ausgeschlossen, weil er in einem Naheverhältnis zu einem der zur Auswahl stehenden Hausverwaltern steht. Ungeachtet des Stimmrechtsauschlusses ist dieser Wohnungseigentümer aber nicht vom Prozess der Willensbildung ausgeschlossen. Er muss daher, wie alle anderen auch, von der geplanten Beschlussfassung verständigt werden und es muss ihm Gelegenheit zur Äußerung eingeräumt werden! Auch die übrigen Rechte, wie z.B. jenes auf Beschlussanfechtung, stehen im offen. Wird das Anhörungsrecht des Wohnungseigentümers ohne Stimmrecht verletzt, so ist das Beschlussverfahren mangelhaft und der Beschluss in der Regel über Antrag vom Gericht zu beheben (5 Ob 75/10f).

Beispiel

Ein Wohnungseigentümer, Herr B., ist gleichzeitig auch Baumeister und Inhaber einer Baufirma. Bei der Abstimmung über die Frage, ob eine Verbesserungsarbeit am Gebäude durchgeführt werden soll, steht ihm selbstverständlich das Äußerungs- und das Stimmrecht zu. Soll jedoch zusätzlich über die Frage, welche Firma damit beauftragt werden soll, abgestimmt werden und hat sich auch seine Firma für diesen Auftrag beworben, dann steht ihm zwar das Äußerungsrecht, aber kein Stimmrecht zu.

Für die Regelung über den Stimmrechtsausschluss gibt es eine Ausnahme. Wenn eine gemeinnützige Bauvereinigung nach Wohnungseigentumsbegründung Verwalterin ist und noch die Anteilsmehrheit hält, kann sie als Verwalterin nicht gekündigt werden. Diese Bestimmung findet sich aber nicht im Wohnungseigentumsgesetz, sondern im Wohnungsgemeinnützigkeitsgesetz, § 19a Abs. 4 WGG.

Stimmenmehrheit (§ 24 Abs. 4 WEG)

Mehrheitsbeschlüsse können von den Wohnungseigentümern in Angelegenheiten der ordentlichen Verwaltung getroffen werden, ebenso in Angelegenheiten der außerordentlichen Verwaltung, soweit es nützliche Verbesserungen oder sonstige über die Erhaltung hinausgehende bauliche Veränderungen betrifft (siehe ► Seite 120).

Gezählt wird nach Miteigentumsanteilen, nicht nach Köpfen

Eine erforderliche Mehrheit der Stimmen richtet sich immer nach dem Verhältnis der Miteigentumsanteile (Liegenschaftsanteile). Daher wird nicht nach Köpfen und auch nicht nach der Anzahl der Wohnungseigentumsobjekte gezählt. Maßgeblich ist immer der Grundbuchstand zum Zeitpunkt der Beschlussfassung (5 Ob 77/04s).

Bis 1.7.2022 setzte ein Mehrheitsbeschluss stets eine Mehrheit von zumindest 50,01 Prozent aller im Grundbuch eingetragenen Miteigentumsanteile voraus. Mit einer solchen absoluten Mehrheit können auch jetzt weiterhin Beschlüsse in der Eigentümergemeinschaft gefasst werden.

Vor allem in größeren Wohnhausanlagen und dort, wo Wohnungseigentümer ihre Objekte nicht selbst nutzen, sondern vermieten, ist

Beispiel

Insgesamt verfügen alle Wohnungseigentümer einer Liegenschaft über 1025 Miteigentumsanteile. Ein Wohnungseigentümer mit 52 Anteilen ist bei der Beschlussfassung über einen Antrag jedoch ausgeschlossen. Eine ausreichende Mehrheit muss für diesen Antrag daher von nur von 973 Anteilen mit Stimmrecht gebildet werden (1052 – 52 = 973). Eine absolute Mehrheit wird hier mit 487 Anteilen erreicht. Für die Beschlussfassung würde aber auch eine ausreichende (qualifizierte) Mehrheit vorliegen, wenn mindestens 2/3 der abgegebenen Stimmen für den Antrag sind und diese gleichzeitig mindestens 325 Anteile (= 1/3 aller stimmberechtigten Anteile) repräsentieren.

Kein Stimmrecht

Im Rahmen einer Hausversammlung der Eigentümergemeinschaft soll über die Beauftragung eines neuen Hausverwalters abgestimmt werden. Ein Wohnungseigentümer, Herr L., hat seinen Bruder, der konzessionierter Hausverwalter ist, als neuen Verwalter vorgeschlagen. Bei der Beschlussfassung über diesen Antrag steht Herrn L. kein Stimmrecht zu. Von der Teilnahme an der Hausversammlung und den Beratungen darf Herr L. aber nicht ausgeschlossen werden. Insgesamt gibt es sechs Wohnungseigentümer mit folgenden Anteilen:

- Herr A. 25/100-tel Anteile
- Frau S. 15/100-tel Anteile
- Frau M. 15/100-tel Anteile
- Herr G. 15/100-tel Anteile
- Frau B. 15/100-tel Anteile
- Herr L. 15/100-tel Anteile (vom Stimmrecht ausgeschlossen)

Zur Abstimmung sind nur 85/100-tel Anteile zugelassen. Für die absolute Mehrheit wären 43/100-tel Anteile erforderlich. Angenommen Herr G und Frau B beteiligen sich nicht an der Abstimmung, Frau M gibt eine „Nein"-Stimme ab. Herr A und Frau S stimmen hingegen mit „Ja". Dann ist eine ausreichende (qualifizierte) Mehrheit für den Beschluss zustande gekommen. Herr A und Frau S repräsentieren gemeinsam 40/100-tel und damit mehr als 2/3 der abgegebenen Stimmen (nach Anteilen), die gleichzeitig auch mehr als 1/3 aller stimmberechtigten Anteile darstellen.

das Interesse der Wohnungseigentümer, sich an der Willensbildung in der Eigentümergemeinschaft zu beteiligen häufig gering. So ist es oft schwierig, eine absolute Mehrheit für einen beabsichtigten Beschluss zu finden.

In Angelegenheiten der ordentlichen Verwaltung besteht kein unbedingtes Beschlusserfordernis. Hier darf der Verwalter z.B. notwendige Erhaltungsarbeiten grundsätzlich auch ohne vorherige Beschlussfassung veranlassen. Maßnahmen der außerordentlichen Verwaltung (zweckmäßige Verbesserungen wie z.B. die Anbringung einer gemeinschaftlichen Photovoltaik Anlage) darf ein Verwalter gemäß § 29 WEG aber immer nur auf der Grundlage eines Mehrheitsbeschlusses durchführen.

Die Mehrheitsfindung wurde mit 1.7.2022 erleichtert

Um Innovationen in Wohnungseigentumsanlagen zu erleichtern – gerade Maßnahmen zur Optimierung der energietechnischen Ausgestaltung eines Gebäudes stellen im Regelfall, Verbesserungsmaßnahmen dar – hat der Gesetzgeber das System der Mehrheitsbildung bei Beschlüssen nun um eine zweite Möglichkeit erweitert. Seit 1.7.2022 existieren die beiden Varianten nebeneinander.

Derjenige, der den Wohnungseigentümern einen Vorschlag für einen Beschluss unterbreitet, hat darin über die gesetzlichen Bestimmungen zur Stimmenmehrheit zu informieren und darauf hinzuweisen, dass selbst bei einem mehrheitlichen Unterbleiben der Stimmabgabe eine wirksame Beschlussfassung unter Umständen zustande kommen kann. Eine **ausreichende Mehrheit** für die Beschlussfassung ist gegeben:

- wenn entweder eine **(absolute) Mehrheit** von mehr als 50 Prozent aller Liegenschaftsanteile vorliegt, oder
- wenn eine **(qualifizierte) Mehrheit** von 2/3 der abgegebenen Stimmen (ebenfalls berechnet nach dem Verhältnis der Miteigentumsanteile) vorliegt, und diese Mehrheit zusätzlich auch zumindest 1/3 aller Liegenschaftsanteile, daher mindestens 33,34 Prozent, repräsentiert.

Was als „abgegebene Stimme" gilt, geht aus der gesetzlichen Regelung nicht klar hervor. Unserer Ansicht nach sollte auch ein ungültiges Stimmverhalten (z.B. jemand stimmt mit „Ja und Nein") als abgegebene Stimme gelten und den „Ja-Stimmen" gemeinsam mit den „Nein-

Stimmen" rechnerisch gegenüberzustellen sein. Bloßes Schweigen bei einer Abstimmung ist jedenfalls nicht als abgegebene Stimme zu werten (z.B. jemand nimmt zwar an der Hausversammlung teil, äußert sich aber nicht bei der Abstimmung).

Bei Stimmengleichheit kann das Gericht angerufen werden

Bei Stimmengleichheit kann jeder Wohnungseigentümer die nach pflichtgemäßem Ermessen zu treffende Entscheidung des Gerichts beantragen.

Nehmen an einer Hausversammlung nur wenige Wohnungseigentümer teil, die nicht einmal ein Drittel aller Miteigentumsanteile repräsentieren, kann – trotz der Neuregelung - auch bei Einstimmigkeit kein gültiger Beschluss gefasst werden. Die Nichtteilnahme an einer Hausversammlung gilt nicht als Zustimmung. In diesem Fall hat der Verwalter die nicht erschienenen Wohnungseigentümer zugleich mit der Übersendung des Protokolls aufzufordern, sich zur offen gebliebenen Frage zu äußern (additives Umlaufverfahren, siehe ► Seite 82).

Eigentümerpartner können nur gemeinsam für oder gegen einen Antrag stimmen, ein „Stimmensplitting" ist ausgeschlossen (§ 13 Abs. 5 WEG). Gibt nur ein Partner ohne Vollmacht des anderen Partners) eine Stimme ab oder geben die beiden Partner widersprechende Stimmen ab, darf die Stimme der Eigentümer gar nicht gezählt werden.

Besteht an einer Wohnung ein **Fruchtgenussrecht** (siehe ► Seite 24), stehen dem Fruchtgenussberechtigen die Mitwirkungsbefugnisse in der Eigentümergemeinschaft und damit auch das Stimmrecht anstelle des Wohnungseigentümers, welcher ihm das Fruchtgenussrecht eingeräumt hat, zu (5 Ob 193/12m). In solchen Fällen ist daher statt dem betroffenen Wohnungseigentümer der Fruchtgenussberechtigte von einer beabsichtigten Beschlussfassung ordnungsgemäß zu verständigen und muss ihm Gelegenheit zur Äußerung und Stimmabgabe gegeben werden, damit ein mängelfreier Beschluss zustande kommen kann.

Beim **Stimmrechtsausschluss** eines Wohnungseigentümers ergibt sich auch immer ein anderes Mehrheitserfordernis. Daraus wird ersichtlich, dass es bei einer Eigentümerversammlung nicht genügt, die Anzahl der anwesenden „Anteile" nur einmal zu erfassen. Gibt es Abstimmungen, bei denen Einzelne vom Stimmrecht ausgeschlossen sind, ergeben sich unterschiedliche Anteilsmehrheiten.

Sonderfall: getrennte Abstimmungseinheit

Durch einstimmige schriftliche Vereinbarung, teilweise auch über Gerichtsbeschluss, können abweichende Abrechnungs- und Abstimmungseinheiten festgelegt werden. In diesem Fall stimmen nur jene Wohnungseigentümer ab, die auch Mitglied der gesonderten Abstimmungseinheit sind.

Beispiel

Auf einer Liegenschaft befinden sich ein mehrgeschoßiges Gebäude mit Lift und zehn Reihenhäuser ohne Lift. Für die Betriebs- und Erhaltungskosten des Aufzugs wird bereits im Wohnungseigentumsvertrag eine eigene Abrechnungs- und Abstimmungseinheit vereinbart. Nur jene Wohnungseigentümer, die ein Objekt im mehrgeschoßigen Gebäude besitzen, sind Mitglied der gesonderten Einheit. Steht jetzt eine Entscheidung über den Aufzug an, so sind nur jene Wohnungseigentümer stimmberechtigt, die auch Mitglied der gesonderten Einheit sind. Dem entsprechend ist dann auch die Mehrheit nur von deren Anteilen zu berechnen.

Verständigung von der Beschlussfassung und Rechtsbelehrungspflicht (§ 24 Abs. 5 WEG)

Wurde ein Beschluss mit ausreichender Mehrheit gefasst, so ist dieser jedem Wohnungseigentümer zweifach zur Kenntnis zu bringen, nämlich durch Hausanschlag an einer deutlich sichtbaren Stelle des Hauses („Schwarzes Brett") und durch Übersendung in Schriftform an die Anschrift des Wohnungseigentumsobjektes bzw. eine andere bekannt gegebene Zustellanschrift im Inland. Über Wunsch des Wohnungseigentümers tritt anstelle der schriftlichen eine elektronische Übermittlung.

Die Pflicht zur Übersendung bedeutet hier z.B. Aufgabe bei der Post oder direktes Verteilen im Haus, nicht jedoch eine Zustellung mit Nachweis. Da dem Zeitpunkt des Hausanschlages erhebliche Bedeutung zukommt, empfehlen wir, auf diesem Schriftstück auch das Datum deutlich lesbar zu vermerken.

Hinweis

Wollen Sie eine fehlerfreie Beschlussfassung ohne Einbeziehung des bestellten Verwalters über die Bühne bringen, so achten Sie besonders auf die Einhaltung der formalen Vorschriften. Gleich zu Beginn stellt sich die Frage, an welche Anschrift den Wohnungseigentümern, die nicht im Haus wohnen, zuzustellen ist. Dies betrifft sowohl die Einladung zur Teilnahme als auch die Zusendung des Ergebnisses des Beschlusses. Maßgebend sind die Eigentumsverhältnisse zum Zeitpunkt der Abstimmung, spätere Eigentümeränderungen sind unbeachtlich. Zuletzt muss noch die Bekanntmachung und die Rechtsbelehrungspflicht „richtig" erfolgen. Bei Unklarheiten wenden Sie sich an eine Beratungsstelle oder eine Interessenvertretung.

Diese Formalerfordernisse gelten für jede Beschlussfassung, unabhängig davon, ob ein Verwalter bestellt ist oder mit der Beschlussfassung überhaupt befasst war.

Rechtsbelehrungspflicht (§ 24 Abs. 5 vorletzter Satz WEG)

Nur den übersendeten Beschlüssen (nicht aber beim Exemplar des Hausanschlags) ist eine „Rechtsbelehrung" anzuschließen, die Folgendes enthalten muss:

- einen Hinweis, dass für den Beginn der Anfechtungsfrist nur der Zeitpunkt des Hausanschlages maßgebend ist;
- den Tag des Hausanschlages;
- das sich daraus ergebende Ende der Frist.

Die richtige Angabe zum letzten Punkt, dem Fristende, kann Schwierigkeiten bereiten, weil das WEG drei verschieden lange Anfechtungsfristen für Beschlüsse kennt:

- Einen Monat bei Beschlüssen über Maßnahmen der ordentlichen und außerordentlichen Verwaltung (§ 24 Abs. 6 WEG) wegen
  - Rechtsunwirksamkeit aufgrund formeller Mängel,
  - Gesetzwidrigkeit oder
  - Fehlens der erforderlichen Mehrheit.

- Drei Monate bei Beschlüssen über Maßnahmen der außerordentlichen Verwaltung (§ 29 Abs. 1 und 2) wegen
  - übermäßiger Beeinträchtigung des Antragstellers (Unzumutbarkeit) oder
  - nicht gesetzeskonformer Finanzierung der Kosten.
- Sechs Monate bei Beschlüssen über Maßnahmen der außerordentlichen Verwaltung wegen unterbliebener Verständigung von der beabsichtigten Beschlussfassung (§ 29 Abs. 1 WEG).

Das Einlangen bei Gericht ist für die Wahrung der Frist maßgebend

Alle drei Fristen sind materiellrechtliche Fristen, d.h. die „Anfechtung" muss am letzten Tag der Frist bei Gericht eingelangt sein. Die Fristberechnung erfolgt in der Weise, dass die Frist an jenem Tag des Folgemonats endet, der nach seiner Zahl dem Tag des Fristenbeginns entspricht; z.B.: 6. Juni Fristbeginn bedeutet 6. Juli Fristende.

Beschlussanfechtung (§ 24 Abs. 6 WEG)

Jeder Wohnungseigentümer (Individualrecht gem. § 30 Abs. 1 WEG) kann binnen Monatsfrist einen Beschluss anfechten, korrekt einen „Antrag auf Feststellung der Rechtsunwirksamkeit eines Beschlusses" im wohnungseigentumsrechtlichen Außerstreitverfahren bei Gericht einbringen. Mit der feststellenden Entscheidung des Gerichtes über die Beschlussanfechtung wird endgültig über die Rechtswirksamkeit des Beschlusses entschieden. Im Falle der Feststellung der Rechtsunwirksamkeit wird diese rückwirkend (mit Wirkung ex tunc) ausgesprochen.

Der Antrag ist immer gegen alle anderen Wohnungseigentümer, unabhängig von deren Abstimmungsverhalten, als Antragsgegner zu richten. Nicht jedoch gegen die Eigentümergemeinschaft, diese ist hier nicht Verfahrenspartei. Der Verwalter kann nur dann als Antragsgegner benannt werden, wenn auch sein Verhalten Gegenstand des Verfahrens ist, z.B. wegen nicht korrekter Stimmenzählung. Für die Kostenentscheidung am Verfahrensende kann die Benennung des Verwalters als Antragsgegner wichtig sein.

Eine besondere Auskunftspflicht über das Stimmverhalten anderer Wohnungseigentümer trifft den Verwalter immer dann, wenn schriftlich abgestimmt worden ist und der Verwalter Empfänger der Stimmabgabe war (§ 20 Abs. 7 WEG). Hat ein Wohnungseigentümer eine Beschlussfassung initiiert und die Stimmen eingesammelt, trifft den Verwalter keine Informationspflicht. Diesfalls muss der Wohnungseigentümer die Unterlagen aufbewahren und Auskunft geben.

Dass die Auskunftspflicht des Verwalters wirklich auf schriftliche Stimmabgaben beschränkt sein soll, ist nicht einzusehen. Wo liegt der Unterschied zu einer telefonischen Befragung oder elektronischen Stimmabgabe?

Anonyme Abstimmungen sind nicht erlaubt

Das Wissen um das Stimmverhalten der anderen Wohnungseigentümer ist ja Voraussetzung für die (außergerichtliche) Prüfung, ob ein Beschluss wirklich die Mehrheit gefunden hat. Aufgrund des Transparenzgebotes betreffend das Abstimmungsverhalten hat der Gesetzgeber jedenfalls klargestellt, dass eine „anonyme" Abstimmung unzulässig ist und zu keinen wirksamen Beschlüssen führen kann (5 Ob 93/08z).

Kann „alles" angefochten werden?

Es muss zumindest der Anschein eines Beschlusses vorliegen, um eine Anfechtung zu legitimieren. Angefochten werden kann daher nur, was existiert und durch ungenutztes Verstreichen der Frist heilen würde. Fehlerhafte Beschlüsse gelten als saniert (geheilt), wenn sie nicht fristgerecht angefochten werden (5 Ob 133/07f). Liegt aber nicht einmal der Anschein eines Beschlusses vor (z.B. hängt ein einzelner Wohnungseigentümer im Stiegenhaus einen nur von ihm unterschriebenen Zettel auf, den er als „Beschluss" betitelt hat), muss und kann auch keine Beschlussanfechtung erfolgen. Dementsprechend werden ursprünglich fehlerhafte Beschlüsse durch ungenutztes Verstreichen der Anfechtungsfrist auch „saniert".

Da die Minderheit nie einen Beschluss fassen kann, braucht ein nur von der Minderheit gefasster „Beschluss" (der auf diesen Umstand hinweist) nicht angefochten zu werden. Anders, wenn die Frage der Mehrheit strittig ist – dann muss der Beschluss angefochten werden, um seine Rechtswirksamkeit zu verhindern.

Abgrenzung zu nichtigen Beschlüssen. Als nichtig werden Beschlüsse bezeichnet, die in Angelegenheiten gefasst werden, die gar nicht mehrheitsfähig sind und daher auch nicht in die Entscheidungskompetenz der Eigentümergemeinschaft fallen. Derartige Beschlüsse sind unheilbar nichtig und können auch außerhalb der Fristen der §§ 24 und 29 WEG angefochten werden. Eine nichtige Beschlussfassung wäre beispielsweise in folgenden Angelegenheiten gegeben:

- Verfügungsrechte des einzelnen Wohnungseigentümers (§ 16 Abs. 2 WEG)
- Benützungsregelung (§ 17 WEG) – Einstimmigkeit erforderlich
- Änderung des Verteilungsschlüssels (§ 32 WEG) – Einstimmigkeit erforderlich
- Verkauf von Miteigentumsanteilen, z.B. der ehemaligen Hausbesorgerdienstwohnung

Anfechtungsgründe bei der Ein-Monats-Frist

Formeller Mangel. Verletzung der Regeln über die Beschlussfassung (§§ 24 und 25 WEG), z.B. keine Verständigung (oder zeitlich zu knappe) über die Versammlung oder an die falsche Anschrift geschickt; Beschlussfassung in der Versammlung ohne vorherige Themenbekanntgabe (5 Ob 43/10z).

Gesetzwidrigkeit. Verstoß gegen zwingende Grundsätze des WEG (nicht aller Gesetze), z.B. Wiederbestellung des vom Gericht abberufenen Verwalters (5 Ob 144/05w). Zusicherung der anonymen Stimmabgabe (5 Ob 93/08z). Allenfalls auch krasse Verstöße gegen die Grundsätze der Sparsamkeit, Wirtschaftlichkeit und Zweckmäßigkeit bei den Ausgaben (5 Ob 14/05w).

Fehlen der erforderlichen Mehrheit. Unrichtige Stimmenauszählung; Vertretungs- und Vollmachtsmängel; Stimmabgabe trotz Ausschlusses vom Stimmrecht wegen eines Naheverhältnisses (5 Ob 133/07f). Die Anfechtung muss aber „kausal" sein, damit sie erfolgreich ist. Ergibt sich unter Außerachtlassung der falsch gezählten Stimmen trotzdem eine Mehrheit, so geht die Anfechtung ins Leere (5 Ob 169/08a).

Eine Anfechtung aus einem dieser drei Gründe muss immer – auch bei Beschlüssen zu Maßnahmen der außerordentlichen Verwaltung – in der kurzen Ein-Monats-Frist erfolgen, sonst kann dieser behauptete Mangel nicht mehr als Begründung herangezogen werden.

Für Beschlüsse über Maßnahmen der ordentlichen Verwaltung gibt es keine weiteren Anfechtungsgründe!

Zusätzliche Anfechtungsrechte gibt es bei der außerordentlichen Verwaltung

Ansonsten stehen für Beschlüsse zu Maßnahmen der außerordentlichen Verwaltung weitere (materielle) Anfechtungsgründe zur Verfügung, für deren Geltendmachung die Drei-Monats-Frist offensteht; im Falle der Nichtverständigung von der geplanten Beschlussfassung sogar eine Sechs-Monats-Frist. Näheres dazu ► Seite 121.

Die Stellung des Verwalters im Prozess der Willensbildung

Wie wir bei den einzelnen Schritten gezeigt haben, treffen den Verwalter nach den Bestimmungen des WEG umfangreiche Pflichten bei Eigentümerversammlungen und Beschlussfassungen.

Bei Eigentümerversammlungen lassen sich diese Pflichten im zeitlichen Ablauf wie folgt darstellen:

- Einberufung von Eigentümerversammlungen, fristgerecht und unter Angabe einer möglichst konkreten Tagesordnung, wenn Beschlüsse gefasst werden sollen; Zusendung an alle Wohnungseigentümer und Hausanschlag.
- Teilnahme an den Versammlungen und Aufnahme einer Niederschrift (Protokollführung) über das Geschehen auf der Eigentümerversammlung, über das Ergebnis von Abstimmungen und gefassten Beschlüssen. Damit in Zusammenhang muss der Verwalter auch (mehrmals) prüfen, welche Wohnungseigentümer anwesend sind und wie viele Anteile sie repräsentieren (Vollmachten). Unter Umständen muss er vor jeder Abstimmung neu „zählen".
- Nach der Versammlung: Hat eine Vollmacht gefehlt, kann der Wohnungseigentümer das Handeln seines Vertreters binnen 14 Tagen nachträglich genehmigen. Macht er dies nicht, zählt die Stimme nicht mehr und das Abstimmungsergebnis wird sich daher ändern!

- Erstellen der Niederschrift, wobei nachträgliche Änderungen der Abstimmungsergebnisse zu berücksichtigen sind. Die Niederschrift ist allen Wohnungseigentümern zuzusenden und ein Hausanschlag zu machen.
- Hat bei einer Hausversammlung die Abstimmung zu einem Antrag nicht die erforderliche Mehrheit gebracht, muss der Verwalter die nicht erschienen Wohnungseigentümer auffordern, binnen einer bestimmten Frist (nachträglich) abzustimmen – additives Umlaufverfahren.
- Ist ein Beschluss zustande gekommen, muss der Verwalter wiederum alle Wohnungseigentümer verständigen und einen Hausanschlag vornehmen. In die Verständigung ist eine Rechtsbelehrung über die möglichen Anfechtungsfristen aufzunehmen. Als Fristbeginn ist jeweils der Tag des Hausanschlags anzugeben.
- Nach Ablauf der Anfechtungsfrist wird der Verwalter beim Bezirksgericht nachfragen, ob ein bestimmter Beschluss angefochten worden ist. Handelt es sich um einen Beschluss auf dem Gebiet der außerordentlichen Verwaltung, muss er bei Gericht nachfragen, um Gewissheit über dessen Rechtswirksamkeit zu erlangen.

Auch beim Umlaufbeschluss ist ausreichend zu informieren

Beschlussfassungen im Umlaufverfahren sind zwar nicht so kompliziert, doch muss der Verwalter auch hier alle erforderlichen Schritte setzen, um zu einem „richtigen" Beschluss zu kommen. Er muss alle Wohnungseigentümer von der beabsichtigen Beschlussfassung verständigen und eine (nicht zu kurz bemessene) Frist setzen, binnen derer die Stimmen bei ihm abzugeben (ihm zuzuschicken) sind. Danach muss er das Ergebnis bekannt machen. Wurde ein Beschluss gefasst, muss er diesen wieder allen zusenden und einen Hausanschlag vornehmen.

In allen Fällen muss der Verwalter die entsprechenden Unterlagen zur Verfügung stellen, wenn die Wohnungseigentümer über ein konkretes Vorhaben oder einen Auftrag abstimmen sollen. Das können eingeholte Sanierungsvorschläge von Professionisten oder Kostenvoranschläge sein. Ohne derartige Unterlagen fehlen den Wohnungseigentümern die Informationen, um einen Beschluss fassen zu können.

Die Verwalterpflichten

Die Aufgaben des Verwalters sind vielfältig. Er bewegt sich in einem Spannungsfeld. Einerseits ist er Vertreter der Eigentümergemeinschaft. Andererseits hat er auch die Interessen einzelner Wohnungseigentümer zu berücksichtigen. In diesem Kapitel werden die gesetzlichen Verwalterpflichten ausführlich dargestellt.

Die Pflichten des Verwalters werden im Wesentlichen in § 20 WEG aufgezählt. Sie ergeben sich aber auch aus anderen Bestimmungen des WEG, so z.B. die Verpflichtung regelmäßig Eigentümerversammlungen abzuhalten, sowie auch aus dem Allgemeinen Bürgerlichen Gesetzbuch, z.B. die Pflicht zur redlichen Geschäftsführung.

Die Pflicht zur redlichen Geschäftsbesorgung – Treuepflicht

Der Verwalter ist verpflichtet, die ihm aufgetragenen Geschäfte emsig und redlich zu besorgen und allen aus dem Geschäft entspringenden Nutzen der Eigentümergemeinschaft zu überlassen (§ 1009 ABGB).

Provisionen sind herauszugeben

Die Treuepflicht umfasst das Verbot der Geschenkannahme (Einbehalt von Provisionen von Handwerkern oder Versicherungen). Treuwidrig Erlangtes ist spätestens bei der Jahresabrechnung auszuweisen und an die Eigentümergemeinschaft herauszugeben.

Alle Zinsen für veranlagte Gelder sowie Skonti (das sind die Preisnachlässe, die der Verwalter bei den Firmen, die er mit Aufträgen im Namen der Eigentümergemeinschaft betraut, erhält) und dergleichen sind der Eigentümergemeinschaft zu überlassen.

Ein professioneller Hausverwalter ist in der Regel als Sachverständiger im Sinne des § 1299 ABGB anzusehen. Er haftet daher für eine Besorgung der ihm übertragenen Geschäfte entsprechend der besonderen Sachkenntnisse, die von diesem Berufsstand erwartet werden dürfen. Lässt sich der Verwalter in Ausübung seiner Geschäfte vertreten, haftet er auch für das Verhalten seines Vertreters (Haftung für Substituten).

Interessenswahrungspflicht

Die Bestimmung des § 20 Abs. 1 WEG lautet: Der Verwalter ist verpflichtet, die gemeinschaftsbezogenen Interessen aller Wohnungseigentümer zu wahren und Weisungen der Mehrheit der Wohnungseigentümer (§ 24 Abs. 4 WEG) zu befolgen, soweit diese nicht gesetzwidrig sind. Der Verwalter hat zwar primär die Interessen der Eigentümergemeinschaft zu

Beispiel

Die Fassadenerneuerung samt Vollwärmeschutz und neuen Fenstern ist schon seit Längerem für Herbst 2024 geplant. Im Frühjahr 2023 beschließt die Mehrheit eine Weisung an den Verwalter, wonach er die sofortige Erneuerung der (reparaturbedürftigen) Außenfenster beauftragen soll. Hier liegt eine Erhaltungsarbeit (notwendige Arbeiten an allgemeinen Hausteilen) vor, allerdings verursacht das „Vorziehen" des Fenstertausches um ein Jahr erhebliche Mehrkosten. Die Nebenarbeiten an der Fassade nach dem Fenstertausch müssten zweimal durchgeführt werden – einmal das Anpassen an die alte Fassade, im Folgejahr an die neue Vollwärmeschutzfassade. Überdies müsste für die Außenarbeiten ein Gerüst bzw. eine andere Arbeitsplattform aufgestellt werden. Der (umsichtige) Verwalter wird die Wohnungseigentümer noch vor Umsetzung des Beschlusses auf die finanziellen Mehraufwendungen hinweisen.

wahren, allerdings unter Berücksichtigung der Interessen der einzelnen Wohnungseigentümer. Hier sind insbesondere auch die Minderheits- und Individualrechte, die im WEG vorgesehen sind, zu berücksichtigen. Er steht diesbezüglich jedenfalls in einem Spannungsverhältnis und es kann aufgrund der vielfältigen denkbaren Sachverhalte sein Verhalten immer nur im Einzelfall beurteilt werden (5 Ob 175/08h).

Sparsamkeit, Wirtschaftlichkeit, Zweckmäßigkeit

Die Verwaltung ist jedenfalls nach den Grundsätzen der Sparsamkeit, Wirtschaftlichkeit und Zweckmäßigkeit auszuüben. Diese Grundsätze sind zwar nicht ausdrücklich im WEG angeführt, ergeben sich aber aus den allgemeinen Regeln für das Handeln eines Stellvertreters und werden in der Judikatur immer wieder zur Beurteilung herangezogen (5 Ob 144/05w).

Der Verwalter ist verpflichtet, **Weisungen** der Mehrheit der Wohnungseigentümer zu befolgen, soweit diese nicht gesetzeswidrig sind. Die Zweckmäßigkeit einer Weisung braucht er dagegen nicht zu prüfen. Der umsichtige Verwalter wird jedoch im Falle, dass ihm eine Weisung unzweckmäßig erscheint, die Wohnungseigentümer auf diesen Umstand und allfällige finanzielle Folgen hinweisen. Gesetzwidrig ist eine Weisung beispielsweise dann, wenn sie den Bereich der Liegenschaftsverwaltung überschreitet (z.B. die Neugestaltung des öffentlichen Gehsteiges betrifft) oder damit eine andere Kostenverteilung (als im Gesetz oder Vertrag vorgesehen) erfolgen soll – dies bedürfte nach § 32 Abs 2 WEG der Einstimmig-

Beispiel

Die Wohnungseigentümer beschließen, den Winterdienst (Gehsteigreinigung und Salzstreuung) selbst zu übernehmen, und erteilen dem Verwalter die Weisung, keinen Winterdienstvertrag mit einer Firma abzuschließen. Den Verwalter trifft aber auch in diesem Fall die Pflicht, die ordnungsgemäße Durchführung in angemessener Weise zu überwachen, wie er sie bei einem Fremdunternehmen hätte (5 Ob 209/09k). Stellt er fest, dass die notwendigen Arbeiten nicht durchgeführt werden und kümmern sich die Wohnungseigentümer trotz Aufforderung weiterhin nicht darum, wird der Verwalter gut beraten sein, eine Fremdfirma mit den notwendigen Arbeiten zu beauftragen. Andernfalls könnte bei einem Unfall (z.B. Beinbruch) der Gemeinschaft aufgrund ihrer Haftung ein Schaden erwachsen.

keit, oder wenn sie zwingenden gesetzlichen Bestimmungen zuwiderläuft (z.B. die Anordnung des § 4 Heiz- und Kältekostenabrechnungsgesetz, nur nach dessen Bestimmungen abzurechnen) oder Minderheitsrechte gemäß § 30 WEG des einzelnen Wohnungseigentümers einschränkt.

Einhebung der Vorauszahlungen und Pflicht zur gesonderten Kontoführung

Der Verwalter hat die monatlichen Beiträge der Wohnungseigentümer für die Betriebskosten und sonstigen Aufwendungen der Liegenschaft sowie für die Rücklage einzuheben und sie widmungsgemäß zu verwenden.

Eigenkonto oder Anderkonto

Der Verwalter hat alle die Eigentümergemeinschaft betreffenden Ein- und Auszahlungen entweder über ein für jeden Wohnungseigentümer einsehbares Eigenkonto der Eigentümergemeinschaft oder über ein ebenso einsehbares Anderkonto durchzuführen (§ 20 Abs. 6 WEG). Näheres dazu finden Sie auf ► Seite 128.

Eintreibungspflicht

Bei Rückständen eines Wohnungseigentümers können unter Umständen die anderen Wohnungseigentümer herangezogen werden. Damit ist es im

Interesse der Gemeinschaft, dass der Verwalter bei Rückständen sofort die erforderlichen Schritte setzt. Der Verwalter ist verpflichtet, rückständige Zahlungen eines Wohnungseigentümers für Liegenschaftsaufwendungen unverzüglich einzumahnen und erforderlichenfalls binnen sechs Monaten einzuklagen. Zudem muss er veranlassen, dass die Anmerkung der Klage im Grundbuch erfolgt (§ 20 Abs. 5 WEG). Damit soll für die Eigentümergemeinschaft das Vorzugspfandrecht am Liegenschaftsanteil des säumigen Wohnungseigentümers gewahrt werden (siehe ► Seite 141).

Legung einer Vorausschau

Bis spätestens zum Ende der Abrechnungsperiode hat der Verwalter den Wohnungseigentümern eine Vorausschau über die in absehbarer Zeit notwendigen Erhaltungsarbeiten, die über die laufende Instandhaltung hinausgehen, zur Kenntnis zu bringen (§ 20 Abs. 2 WEG).

Auf diese Weise sollen die Wohnungseigentümer über die zu erwartenden Aufwendungen des nächsten Jahres informiert werden. Die Vorausschau stellt auch eine Entscheidungshilfe für eventuelle Beschlüsse der Eigentümergemeinschaft dar. Näheres dazu finden Sie auf ► Seite 129.

Pflicht zur Einholung mehrerer Angebote

Vor der Vergabe von Erhaltungsarbeiten, die über die laufende Instandhaltung hinausgehen, und für größere Verbesserungsarbeiten hat der Verwalter mindestens drei Angebote verschiedener Firmen einzuholen (§ 20 Abs. 4 WEG). Erfasst werden hier Arbeiten, die in längeren als einjährigen Abständen wiederkehren, z.B. Fassadeninstandsetzung, Fenstertausch, Dachdeckung, Erneuerung der Steigleitungen etc. (siehe ► Seite 145).

Bei größeren Arbeiten sind mindestens 3 Angebote einzuholen

Informationspflichten

Beabsichtigt der Verwalter den Abschluss eines Geschäftes mit einer Person, die mit ihm durch ein **familiäres oder wirtschaftliches**

Beispiel

Bei einem Gebäude ist die Fassadeninstandsetzung erforderlich. Die Wohnungseigentümer haben dafür bereits eine höhere Rücklage gebildet. Jetzt steht die Auftragsvergabe an. Der Verwalter holt drei Anbote ein, das kostengünstigste ist jenes von der Baufirma seines Bruders. Hier liegt ein familiäres Naheverhältnis vor. Der Verwalter muss die Wohnungseigentümer von diesem Naheverhältnis vor der geplanten Beauftragung des Unternehmens seines Bruders jedenfalls fristgerecht verständigen. Damit soll den Wohnungseigentümern die Möglichkeit gegeben werden, sich die Anbote genauer anzusehen und gegebenenfalls mittels Weisung eine Auftragsvergabe an diese Firma zu verhindern.

Naheverhältnisse muss der Verwalter bekannt geben

Naheverhältnis verbunden ist, hat er die Wohnungseigentümer auf dieses Naheverhältnis hinzuweisen (§ 20 Abs. 4 WEG). Nach Möglichkeit hat der Verwalter Interessenkollisionen aber überhaupt zu vermeiden.

Der Verwalter hat auf Verlangen jedem Wohnungseigentümer **Auskunft über den Inhalt des Verwaltungsvertrages** zu erteilen (§ 20 Abs. 7 WEG). Diese Informationspflicht bezieht sich insbesondere auch auf die Entgeltsvereinbarungen und den Umfang der vereinbarten Leistungen.

Liegt ein schriftlicher Vertrag vor, kann der Verwalter über Anfrage eine Kopie desselben übermitteln. Schwieriger wird es, wenn kein schriftlicher Vertrag vorliegt oder nach jahrzehntelanger Verwaltung die Praxis jetzt anders aussieht als seinerzeit schriftlich vereinbart wurde. Hier muss der Verwalter seiner Informationspflicht mit eigenen Worten – mündlich oder schriftlich – nachkommen.

Im Fall einer schriftlichen Willensbildung (Umlaufbeschluss) hat der Verwalter jedem Wohnungseigentümer **Auskunft über das Stimmverhalten der anderen Wohnungseigentümer** zu geben (§ 20 Abs. 7 WEG). Auf diese Weise lässt sich überprüfen, ob tatsächlich eine Mehrheit zustande gekommen ist oder nicht.

Der Verwalter muss über Verlangen eines Wohnungseigentümers, der zur Verständigung der anderen Wohnungseigentümer deren **Namen und Zustellanschriften** braucht, die entsprechenden Angaben herausgeben (§ 20 Abs. 8 WEG). E-Mail-Adressen dürfen nur mit ausdrücklicher Einwilligung des Wohnungseigentümers mitgeteilt werden. Hier geht es um Informationsbedürfnisse der Wohnungseigentümer im Zusammenhang mit der Ausübung von Rechten und Gestaltungsmöglichkeiten, die sich aus dem Wohnungseigentum ergeben. Wenn ein Wohnungseigentümer etwa einen Umlaufbeschluss starten möchte oder die Zustimmung der anderen Wohnungseigentümer für eine wesentliche Änderung im Sinn des § 16 WEG benötigt.

Pflicht zur Rechnungslegung

Einmal jährlich ist Rechnung zu legen

Der Verwalter hat bis spätestens 30. Juni eines jeden Jahres über das vorausgegangene Kalenderjahr jedem Wohnungseigentümer eine ordentliche und richtige Abrechnung zu legen und in die Belege Einsicht zu gewähren. Im Fall einer anderen Abrechnungsperiode verschiebt sich der Zeitraum entsprechend (§ 34 WEG). Die Richtigkeit der Abrechnungen kann im Außerstreitverfahren bei Gericht überprüft werden.

Die ordentliche Abrechnung und Belegsammlung muss den Wohnungseigentümern die Überprüfung der Verwaltertätigkeit im Hinblick auf Rechtmäßigkeit, Wirtschaftlichkeit und Zweckmäßigkeit ermöglichen. Dazu muss die Abrechnung ausreichend detailliert und übersichtlich gestaltet sein. In der Abrechnung müssen sämtliche Einnahmen und Ausgaben für die Liegenschaft, die Entwicklung und Verzinsung der Rücklage, die Bedienung etwaiger gemeinsamer Hypothekardarlehen sowie allfällige Rückstände einzelner Wohnungseigentümer aufscheinen.

Die Abrechnung ist jedem Wohnungseigentümer zu übermitteln. Die Möglichkeit zur Belegeinsicht ist in geeigneter Weise, etwa im Büro der Hausverwaltung, wenn diese in angemessener Entfernung liegt, anzubieten.

Energieausweis

Möchte ein Wohnungseigentümer seine Wohnung verkaufen oder vermieten, ist er verpflichtet dem Käufer bzw. Mieter einen Energieausweis vorzulegen, der nicht älter als zehn Jahre sein darf (Energieausweis-Vorlage-Gesetz). Es muss allerdings nicht für jede einzelne Wohnung im Haus ein eigener Energieausweis erstellt werden. Grundsätzlich reicht es aus, wenn ein für das ganze Haus erstellter Energieausweis einem Käufer oder Mieter vorgelegt wird.

Der Energieausweis darf nicht älter als 10 Jahre sein

Der Verwalter hat dafür Sorge zu tragen, dass ein höchstens zehn Jahre alter Energieausweis für das gesamte Haus vorhanden ist (§ 20 Abs. 3a WEG). Auf Anfrage muss der Verwalter diesen Energieausweis in Kopie jedem Wohnungseigentümer zur Verfügung stellen. Die Kopierkosten hat der betreffende Wohnungseigentümer zu tragen.

Die Verpflichtung des Verwalters einen Energieausweis erstellen zu lassen und vorrätig zu halten, entfällt allerdings, wenn die Mehrheit der Wohnungseigentümer dies beschließt.

Eigentümerversammlung

Soweit nicht anderes vereinbart oder mit einer Mehrheit von zwei Drittel der Liegenschaftsanteile beschlossen wird, hat der Verwalter alle zwei Jahre eine Eigentümerversammlung einzuberufen. Darüber hinaus können mindestens drei Wohnungseigentümer, die zusammen mindestens ein Viertel der Anteile haben, die Einberufung einer Eigentümerversammlung vom Verwalter verlangen, wenn ein wichtiger Grund dafür vorliegt (§ 25 WEG). Nähere Informationen zur Eigentümerversammlung finden Sie auf ► Seite 78.

Pflicht zur Geschäftsbesorgung

Den Verwalter trifft selbstverständlich die Pflicht zur Geschäftsbesorgung auf der von ihm verwalteten Liegenschaft. In folgenden Bereichen muss er jedenfalls eigenständig, auch ohne Beschlüsse der Wohnungseigentümer, arbeiten und die notwendigen Maßnahmen setzen:

- Bezahlung der für die Liegenschaft vorgeschriebenen Abgaben und Kosten
- Entgegennahme von Schriftstücken, welche die Liegenschaft betreffen; Kontakt mit Behörden; Erledigung der abgabenrecht-

lichen Pflichten der Eigentümergemeinschaft (im Wesentlichen die Umsatzsteuererklärungen).

- Laufende Beaufsichtigung und Kontrolle der Liegenschaft samt den darauf befindlichen Einrichtungen; Überwachung von Hausreinigung, Grünflächenbetreuung und Winterdienst. Dazu gehört auch die Überwachung und Kontrolle des Gebäudes in technischer Hinsicht. Die Energie-, Wasser- und Wärmeversorgungsleitungen, die Einrichtungen für Lüftung und den Brandschutz, die Gemeinschafts- und Außenanlagen sollen jeweils in bestimmten Zeitabständen kontrolliert werden. Nicht alles kann der Verwalter selbst erledigen; für diesen Fall wird er Fachleute (Baumeister, Installateur usw.) beiziehen müssen.
- Überprüfung der abgeschlossenen Versicherungsverträge auf die versicherten Risiken und Prämienhöhen. Ebenso Überprüfung bestehender Energielieferungs- und Wartungsverträge für Aufzug, Garage etc. hinsichtlich Umfang und Angemessenheit der Kosten.
- Stellt der Verwalter fest, dass einzelne Versicherungs- oder Wartungsverträge für die Eigentümer nachteilig sind, wird er sie darauf hinweisen müssen. Der umsichtige Verwalter wird gleich entsprechende Alternativangebote einholen, um sie den Wohnungseigentümern vorlegen zu können.
- Im Bereich der „ordentlichen Verwaltung" muss der Verwalter alle notwendigen Maßnahmen setzen bzw. Aufträge vergeben (Näheres dazu finden Sie ab ► Seite 113).
- Beauftragung von Arbeiten, Beaufsichtigung der Durchführung, Abnahme der fertiggestellten Arbeiten und Rechnungskontrolle. Bei umfangreichen Arbeiten (Sanierungen) wird der Verwalter zumindest Teile der Aufsicht und Kontrolle an Fachleute, Ziviltechniker oder Baumeister (technische Büros) vergeben. Vergibt er Leistungen an Dritte, kann er selbst kein (Zusatz-)Honorar für die örtliche Bauaufsicht verrechnen.

Minderung des Verwalterhonorars

Bei einer groben Pflichtverletzung des Verwalters kommt gemäß § 20 Abs. 10 WEG für die Eigentümergemeinschaft ein Anspruch auf Herabsetzung des vereinbarten Honorars in Betracht. Allfällige Schadenersatzansprüche bleiben davon unberührt.

Der Anspruch auf Minderung des Verwalterentgelts steht nur der Eigentümergemeinschaft zu, nicht aber einem einzelnen Wohnungseigentümer. Die Mehrheit der Wohnungseigentümer (nach Anteilen) muss also zunächst einen Beschluss darüber fassen, ob und in welcher Höhe eine Entgeltminderung vom Verwalter gefordert wird. Kommt der Verwalter einem entsprechenden Verlangen nicht nach bzw. kann zu dieser Frage kein Einvernehmen mit ihm erfolgen, hat die Rechtsdurchsetzung mit Klage bei Gericht zu erfolgen.

Entgeltminderung kann nur die Gemeinschaft fordern

Veranlassen müsste die Klagseinbringung die Mehrheit der Wohnungseigentümer (als Vertreter der Eigentümergemeinschaft) bzw. der Eigentümervertreter, falls ein solcher gemäß § 22 WEG bestellt ist (► Seite 68). Solange keine rechtskräftige Gerichtsentscheidung vorliegt, sollten hinsichtlich der laufenden (Honorar-)Vorschreibungen des Verwalters von den Wohnungseigentümern keinesfalls eigenmächtige Einbehalte vorgenommen werden.

Die gesetzlichen Anforderungen zur Sanktionierung von Pflichtverletzungen des Verwalters sind allerdings streng. Leichte Pflichtverletzungen des Verwalters, z.B. die geringfügig verspätete Rechnungslegung, reichen zur Minderung des Entgeltes nicht aus. Und selbst grobe Pflichtverletzungen (► Seite 181) berechtigen nach den Erläuterungen des Gesetzgebers zur Entgeltminderung nur dann, wenn der Verwalter durch sie den vereinbarten bzw. zu erwartenden Leistungsumfang er-

Pflichtverstöße des Verwalters

Sanktionen bei groben Pflichtverstößen des Verwalters können neben einer Minderung des Honorars auch die außerordentliche Kündigung bzw. die Absetzung des Verwalters durch das Gericht sein (► Seite 184). Daneben kann auch die Geltendmachung von Schadenersatzansprüchen gegen den Verwalter in Betracht kommen.

heblich unterschritten hat. Ein konkret entstandener Schaden für die Eigentümergemeinschaft muss zwar nicht gegeben sein, wohl aber eine „Minderung des Nutzens der Verwaltertätigkeit" für die Eigentümergemeinschaft. Haben z.B. schwere Buchhaltungsmängel dazu geführt, dass ausständige Beiträge teilweise nicht oder nur mit erheblicher Verspätung eingetrieben werden können, soll ein Entgeltminderungsanspruch jedenfalls zustehen.

Die Höhe des Entgeltsminderunganspruches hängt zum einen von der Schwere des Pflichtverstoßes ab, aber auch davon, wie weit die vom Verwalter erbrachte Leistung vom vertraglich vereinbarten Leistungsinhalt abweicht. Veröffentlichte Rechtsprechung zur Frage des Entgeltminderungsanspruches liegt praktisch keine vor.

Weisungen

Der Verwalter ist verpflichtet Weisungen der Mehrheit der Wohnungseigentümer zu befolgen, soweit diese nicht gesetzwidrig sind. Die Zweckmäßigkeit einer Weisung braucht er dagegen nicht zu prüfen. Der umsichtige Verwalter wird jedoch im Falle, dass ihm eine Weisung unzweckmäßig erscheint, die Wohnungseigentümer auf diesen Umstand und allfällige finanzielle Folgen hinweisen. Gesetzwidrig ist eine Weisung beispielsweise dann, wenn

Weisungen sind Mehrheitssache

- sie den Bereich der Liegenschaftsverwaltung überschreitet (z.B. die Neugestaltung des öffentlichen Gehsteiges betrifft) oder
- damit eine andere Kostenverteilung (als im Gesetz oder Vertrag vorgesehen) erfolgen soll – dies bedürfte nach § 32 Abs. 2 WEG der Einstimmigkeit, oder
- wenn sie zwingenden gesetzlichen Bestimmungen zuwiderläuft (z.B. die Anordnung des § 4 Heizkostenabrechnungsgesetz, nur nach dessen Bestimmungen abzurechnen) oder die Minderheitsrechte gem. § 30 WEG des einzelnen Wohnungseigentümers einschränkt.

Ordentliche und außerordentliche Verwaltung

Der Bereich des Verwaltungshandelns kann im Wohnungseigentum in drei Bereiche unterteilt werden.

- Maßnahmen der **ordentlichen Verwaltung** (§ 28 WEG): im Wesentlichen alles, was der laufenden Bewirtschaftung und Erhaltung der Liegenschaft dient. Hier entscheidet die Mehrheit alleine, die Minderheit hat kein Einspruchsrecht.
- Maßnahmen der **außerordentlichen Verwaltung** (§ 29 WEG): Maßnahmen zur nützlichen Verbesserung oder Veränderungen an allgemeinen Teilen des Hauses, die über die Erhaltung hinausgehen. Auch hier entscheidet zunächst die Mehrheit. Die überstimmte Minderheit kann jedoch den Beschluss bei Gericht anfechten. Das Gericht überprüft daraufhin den Beschluss und bestätigt ihn oder hebt ihn auf.
- Maßnahmen der **erweiterten außerordentlichen Verwaltung** (§ 834 WEG), über § 29 WEG hinausgehend: z.B. Verbesserungen innerhalb von Wohnungen. Hier müssen Beschlüsse einstimmig gefasst werden. Fehlt die Einstimmigkeit, so muss sie durch den Außerstreitrichter ersetzt werden.

Verfügung ist nicht Verwaltung

Des Weiteren gilt es noch die Verfügungen zu erwähnen, die immer der Einstimmigkeit bedürfen. Dabei handelt es sich eigentlich um keine Verwaltungshandlungen, sondern um eigentumsrechtliche Veränderungen.

Die Hausbesorgerdienstwohnung z.B. ist allgemeiner Teil des Hauses. Nach Beendigung des Hausbesorgerdienstverhältnisses soll die Wohnung als selbstständiges Wohnungseigentumsobjekt verkauft werden. Dieser Veränderung müssen alle Wohnungseigentümer zustimmen, weil sich damit der Anteil jedes Einzelnen entsprechend vermindert.

Für den Verwalter ist die Unterscheidung von ordentlicher und außerordentlicher Verwaltung (§ 28 und § 29 WEG) besonders wichtig. In allen Angelegenheiten der ordentlichen Verwaltung darf er selbstständig entscheiden. Er darf auch ohne Beschlüsse der Miteigentümer handeln, muss die Wohnungseigentümer aber trotzdem informieren und kann natürlich abstimmen lassen. Der Verwalter muss in diesen Angelegenheiten sogar Maßnahmen setzen, wenn seine Untätigkeit sonst einen Schaden für die Gemeinschaft bedeuten würde.

Maßnahmen der außerordentlichen Verwaltung darf der Verwalter nicht eigenmächtig setzen

Ganz anders die Situation bei Maßnahmen der außerordentlichen Verwaltung im Sinne des § 29 WEG. Hier darf der Verwalter erst nach einem entsprechenden Mehrheitsbeschluss tätig werden. Der vorsichtige Verwalter wird auch die Rechtswirksamkeit eines Beschlusses abwarten, um kein finanzielles Risiko einzugehen. Die Anfechtungsfrist bei Beschlüssen zur außerordentlichen Verwaltung aus materiellen Gründen beträgt drei Monate bzw. sechs Monate (▶ Seite 121).

Da es bei der Unterscheidung viele Grenzfälle gibt, wird von den Gerichten zur Beurteilung auch regelmäßig auf den Kostenaufwand abgestellt („wirtschaftliche Gegebenheiten und Möglichkeiten"). Bei Objekten mit einem sehr hohen Sanierungsbedarf kann dies dazu führen, dass die gleichzeitige Durchführung aller Erhaltungsarbeiten aus Kostengründen – Belastung der Wohnungseigentümer – bereits als Maßnahme der außerordentlichen Verwaltung beurteilt werden muss (5 Ob 227/12m).

Bei außergewöhnlich hohen Kosten oder auch bei Finanzierungsproblemen wäre daher eine an sich der ordentlichen Verwaltung zuzuordnende Maßnahme als Angelegenheit der außerordentlichen Verwaltung zu qualifizieren (5 Ob 142/01w; 5 Ob 255/03s).

Aufgrund einer anderen rechtlichen Qualifikation der geplanten Maßnahmen (außerordentlich statt ordentlich) kann sich für die überstimmte Minderheit eine weitere Möglichkeit der Beschlussanfechtung gemäß § 29 WEG ergeben.

Ordentliche Verwaltung (§ 28 WEG)

Grundsätzlich gelten für die Verwaltung die ABGB-Bestimmungen (§§ 833 bis 835), die durch das WEG in bestimmten Bereichen abgeändert werden. Besonders hervorzuheben sind dabei der Schutz bzw. die Rechte des Minderheitseigentümers (§ 30), die im ABGB keinerlei Entsprechung finden.

Definition

Maßnahmen der ordentlichen Verwaltung sind alle jene Handlungen, die dem Zweck der Erhaltung und der Verwaltung des gemeinsamen Gutes dienen, wie sie sich im gewöhnlichen Verlauf der Dinge als notwendig und zweckmäßig erweisen, im Wesentlichen dem Interesse aller Miteigentümer dienen und keine besonderen Kosten erfordern.

Im Bereich der ordentlichen Verwaltung entscheiden grundsätzlich die Wohnungseigentümer mit ausreichender Mehrheit (siehe ► Seite 89). Nach der Bestellung eines Verwalters darf nur mehr dieser Verwaltungshandlungen für die Eigentümergemeinschaft vornehmen.

Der Verwalter darf in allen Angelegenheiten der ordentlichen Verwaltung selbstständig entscheiden und handeln. Er muss sogar handeln, wenn eine Untätigkeit den Interessen der Gemeinschaft widersprechen würde.

Beispiel

Als Abschluss der Arbeiten an der Fassade soll sie neu gefärbelt werden. Zwei Farben – Hellblau und Hellgrün – stehen zur Auswahl, die Malerfirma hat beide Farbmuster angebracht. Der Verwalter möchte sich wegen seiner Farbwahl nicht der Kritik der Wohnungseigentümer aussetzen und will deshalb die Eigentümer mittels eines formell richtigen Umlaufbeschlusses entscheiden lassen. Das Abstimmungsergebnis lautet wie folgt (jeweils Prozent der Miteigentumsanteile): 35 Prozent beteiligen sich gar nicht an der Abstimmung; 23 Prozent stimmen für Hellblau; 42 Prozent stimmen für Hellgrün. Es ist also kein Beschluss zustande gekommen. Es liegt keine absolute Mehrheit aller Anteile vor; auch keine ausreichende qualifizierte Mehrheit. Die 42 Prozent der „Ja-Stimmen" repräsentieren zwar 1/3 aller Anteile, aber keine 2/3 der abgegebenen Stimmen. Trotzdem muss der Verwalter jetzt eine Entscheidung treffen. Das Gerüst steht nur noch rund zwei Wochen, eine Verlängerung würde zusätzliche Kosten verursachen. Entscheidet sich der Verwalter für Hellgrün, kann er zumindest sicher sein, dass dies dem Wunsch der Mehrheit der interessierten Wohnungseigentümer entspricht. Hätte er statt des Versuchs, einen formellen Beschluss zustande zu bringen, gleich eine „Befragung" gestartet, wäre das Ergebnis wohl dasselbe gewesen.

Er muss die Wohnungseigentümer über geplante Maßnahmen jeweils vor deren Durchführung informieren. Das geschieht einerseits durch die Vorausschau (► Seite 129); bei kurzfristig notwendigen Maßnahmen wird der Verwalter die Wohnungseigentümer auch unterjährig verständigen müssen. Nur wenn die Wohnungseigentümer vom Verwalter über geplante Maßnahmen informiert werden, können sie dem Verwalter allenfalls eine entgegenstehende Weisung geben.

Der Verwalter kann selbstverständliche auch über Angelegenheiten der ordentlichen Verwaltung abstimmen lassen bzw. Beschlussfassungen initiieren. Ein „Zuviel" an Abstimmungen kann den Verwalter jedoch in schwierige Situationen bringen. Einerseits wegen der ihn treffenden Haftung, andererseits im Umgang mit den Wohnungseigentümern (Auftraggebern). In der Praxis behelfen sich die meisten Verwalter mit einer informellen „Befragung" der Wohnungseigentümer, um deren „Wünsche" besser einschätzen zu können. Im § 28 WEG besonders geregelt sind folgende Angelegenheiten:

Auch informelle Befragungen kommen vor

- Die ordnungsgemäße Erhaltung der allgemeinen Teile der Liegenschaft im Sinne des § 3 MRG, einschließlich der baulichen Veränderungen, die über den Erhaltungszweck nicht hinausgehen, und die Behebung ernster Schäden des Hauses in einem Wohnungseigentumsobjekt.
  – Für die allgemeinen Teile der Liegenschaft (einschließlich der Gemeinschaftsanlagen) wird also im Wesentlichen auf den Erhaltungsbegriff des Mietrechtsgesetzes (MRG) abgestellt. Die Erhaltung hat daher im jeweils „ortsüblichen Standard" zu erfolgen und

Beispiel

Kann eine Aufzugsanlage nur zum Hinauffahren benützt werden, ist aber sonst technisch in Ordnung, würde die Umstellung auf einen neuen Aufzug zum Hinauf- und Hinunterfahren keine Erhaltungsarbeit darstellen (5 Ob 106/08m). Erst wenn die alte Anlage wegen notwendiger Reparaturen immer wieder stillsteht und schließlich erneuert werden muss, müsste die neue Anlage dann dem ortsüblichen Standard entsprechen. Das bedeutet die Möglichkeit zum Hinauf- und Hinunterfahren.

Gefahren für die Gesundheit der Bewohner sind zu beseitigen. Der ortsübliche Standard ergibt sich unter anderem aus den Bauvorschriften. Da sich hier laufend Änderungen ergeben, spricht man auch von einem „dynamischen Erhaltungsbegriff". Nach der Rechtsprechung ist darunter ein zeitlich und örtlich flexibler, dynamischer und weitgehend objektiver Standard der Erhaltung zu verstehen (5 Ob 233/04g; 5 Ob 238/08y). Dementsprechend ist auch bei Schadensbehebungen jeweils der ortsübliche Standard zu beachten und gegebenenfalls auch gleich auf diesen anzuheben, ohne dass die Eigenschaft als „Erhaltungsarbeit" verloren geht. Dasselbe gilt auch für eine Prüfung nach Wirtschaftlichkeitskriterien, ob eine Reparatur oder eine Erneuerung vorzunehmen ist – z.B. Neuanschaffung einer Waschmaschine für die Waschküche anstelle einer Reparatur des Waschkessels (5 Ob 139/95). Unabdingbar für eine „Erhaltungsarbeit" ist aber immer eine Reparaturbedürftigkeit oder Schadensgeneigtheit oder Funktionsbeeinträchtigung der Anlage. Der Umstand, dass für notwendige Maßnahmen zu wenig Geld in der Rücklage ist, spricht jedoch nicht gegen deren Durchführung. In diesem Fall muss der Verwalter mit einer sogenannten „Sondervorschreibung" zusätzliche Mittel für die Rücklage einfordern. Oder die Eigentümergemeinschaft nimmt einen Kredit zur Finanzierung auf. Inwieweit energiesparenden Maßnahmen – z.B. Vollwärmeschutz, Tausch von Außenfenstern und Türen, Erneuerung (Adaptierung) von Gemeinschafts(Heizungs-)anlagen des Hauses – der ordentlichen oder der außerordentlichen Verwaltung zuzurechnen sind, muss immer im Einzelfall geprüft werden. Ist eine Fassade reparaturbedürftig, wird die Anbringung eines Vollwärmeschutzes auch bei wirtschaftlicher Betrachtung im Regelfall eine Erhaltungsarbeit darstellen. Anders hingegen, wenn die Fassade keinerlei Schäden aufweist.Bei energiesparenden Maßnahmen sind die Kosten auch immer in Relation zu den zu erwartenden Einsparungen zu setzen. Nur wenn hier ein deutliches Missverhältnis besteht, wird die Einordnung unter „Erhaltung" zu verneinen sein. Die Bauvorschriften der Bundesländer sehen auch bei bestehenden Gebäuden nach mehrjährigen Übergangsfristen bestimmte Mindestanforderungen in energietechnischer Hinsicht vor. Ergibt sich aus diesen Vorschriften die Not-

Es gilt ein „dynamischer" Erhaltungsbegriff

wendigkeit von Arbeiten zur Energieeinsparung, so handelt es sich jedenfalls um Erhaltungsmaßnahmen.
– Maßnahmen in einem Wohnungseigentumsobjekt zählen nur dann zur ordentlichen Verwaltung, wenn es sich um die Behebung eines ernsten Schadens handelt. Ein ernster Schaden liegt vor, wenn „die Bausubstanz des Hauses angegriffen oder bedroht ist". Der Schaden muss die ordentliche Benützung unmöglich machen, wohingegen Mängel, die ohne besonderen Aufwand beseitigt werden können, ebenso wenig darunter fallen wie solche, die keine Auswirkungen auf den Bauzustand haben (5 Ob 2060/96v). Maßnahmen zur Brauchbarmachung einer Eigentumswohnung zählen dagegen nicht zu den Aufgaben, die die Gemeinschaft treffen.

- Die Bildung einer angemessenen Rücklage (gemäß § 31 WEG). Die Bildung einer Rücklage ist zwingend vorgeschrieben. Die Höhe der Rücklage hat sich immer an den voraussichtlich anstehenden Aufwendungen für Erhaltungs-/(Verbesserungs-)arbeiten zu orientieren (5 Ob 187/12d). Das ist aber nicht so zu verstehen, dass Aufträge erst dann vergeben werden dürfen, wenn die Aufwendungen zu 100 Prozent angespart sind. Fehlen die erforderlichen Mittel für Erhaltungsarbeiten, so wird der Verwalter eine „Sondervorschreibung" zur Rücklage vornehmen müssen. Der nicht gedeckte Betrag wird vom Verwalter auf einmal oder auf mehrere Monate verteilt den Wohnungseigentümern (ihren Anteilen entsprechend) vorgeschrieben. Seit 1.7.2022 muss grundsätzlich eine Mindestrücklage von 0,90 Euro pro m² und Monat eingehoben werden (siehe ► Seite 133). Dieser Betrag wird alle zwei Jahre an Veränderungen des Verbraucherpreisindex angepasst, erstmals im Jahr 2024. Im Einzelfall hat sich die Höhe der Rücklage immer an den voraussichtlich anstehenden Aufwendungen für Erhaltungs- bzw. Verbesserungsarbeiten zu orientieren (5 Ob 187/12d).

Es sind Mindestzahlungen für die Rücklage zu leisten

- Die Aufnahme eines Darlehens zur Deckung der durch die Rücklage nicht gedeckten Kosten einer in längeren als einjährigen Abständen wiederkehrenden Arbeit zur ordnungsgemäßen Erhaltung. Stehen Arbeiten größeren Umfanges an, die nicht regelmäßig anfallen, und sind zu wenig Mittel in der Rücklage vorhanden, bestehen für die Eigentümergemeinschaft zwei Möglichkeiten. Der nicht

Falls erforderlich ist ein Darlehen aufzunehmen

gedeckte Teil wird über eine „Sondervorschreibung" zur Rücklage gedeckt. Oder die Finanzierung erfolgt über einen Kredit bzw. ein Darlehen („Fremdkapital"), das die Eigentümergemeinschaft aufnimmt. Die Rückzahlungsraten werden dann über die künftigen Rücklagen verrechnet. Der Verwalter ist berechtigt, im Bedarfsfall entsprechende Fremdmittel zur Finanzierung aufzunehmen. Jeder Wohnungseigentümer ist dann verpflichtet, an der Pfandbestellung mitzuwirken (5 Ob 236/98m). Wollen einzelne Wohnungseigentümer ihren Anteil an den Kosten gleich bezahlen und sich am Darlehen nicht beteiligen, so kann der Verwalter diese Vorgangsweise ermöglich. Diese Wohnungseigentümer werden in der Folge an der Rückzahlung des Darlehens nicht beteiligt. Es handelt sich aber dennoch um ein Darlehen der Eigentümergemeinschaft.

- Die angemessene Versicherung der Liegenschaft (► Seite 75).
- Die Bestellung des Verwalters und die Auflösung des Verwaltungsvertrages. Die Auswahl und Bestellung eines Verwalters bleibt eine Angelegenheit, in der die Mehrheit der Wohnungseigentümer alleine entscheidet. Für den Fall, dass der Verwalter gleichzeitig auch Wohnungseigentümer ist, hat er bei der Abstimmung über die Vertragsauflösung kein Stimmrecht! Dasselbe gilt bei der Neubestellung eines Verwalters, der selbst auch Wohnungseigentümer ist.
- Die Bestellung und Abberufung eines Eigentümervertreters. Ein Eigentümervertreter kann aus dem Kreis der Wohnungseigentümer für die Dauer von höchstens zwei Jahren gewählt werden. Bei Streitigkeiten mit dem Verwalter, z.B. über die Höhe des Honorars, vertritt der Eigentümervertreter die Eigentümergemeinschaft.
- Die Erlassung und Änderung einer Hausordnung. Eine Hausordnung (z.B. betreffend Haustorsperre, Ruhezeiten etc.) soll das Zusammenleben der Hausbewohner einfacher gestalten. Sie kann jedoch eine Benützungsregelung für allgemeine Teile der Liegenschaft nicht ersetzen!
- Die Vermietung der verfügbaren allgemeinen, aber einer abgesonderten Benützung zugänglichen Teile der Liegenschaft an eine Person, die nicht Wohnungseigentümer ist. Das können Flächen (z.B. Kfz-Abstellplatz im Freien) oder Räume (z.B. Hobbyräume) sein. Die Vermietung muss natürlich zu ortsüblichen Konditionen erfolgen.

Wichtig: Die Vermietung von Teilen der Liegenschaft an Wohnungseigentümer bedarf hingegen immer der Einstimmigkeit bzw. der gerichtlichen Genehmigung!

- Die Aufkündigung der im vorstehenden Absatz beschriebenen Mietverträge. **Sonderfall:** Für die Aufkündigung vermieteter Kfz-Abstellplätze gilt ein außerordentliches Kündigungsrecht der Eigentümergemeinschaft, wenn der Wohnungseigentümer einer Wohnung oder sonstigen selbstständigen Räumlichkeit (Bedarfsobjekt) Bedarf an einem Abstellplatz hat. Die Kündigungsfrist beträgt drei Monate (► Seite 55).
- Die Erstellung und Vorrätighaltung eines Energieausweises nach § 2 Z 3 EAVG für das gesamte Gebäude. Nach § 20 Abs. 3a WEG trifft den Verwalter prinzipiell die Pflicht, einen Energieausweis für das Gebäude erstellen zu lassen und vorrätig zu halten, wobei der Energieausweis nicht älter als zehn Jahre sein darf. Die Eigentümermehrheit kann jedoch mit Beschluss die Einholung eines Energieausweises ablehnen, dann entfällt diese Verpflichtung für den Verwalter (5 Ob 198/10v). Lässt der Verwalter einen Energieausweis erstellen, sind die dafür aufgewendeten Kosten von allen Wohnungseigentümern im Rahmen der Bewirtschaftungskosten zu tragen. Auf Verlangen eines Wohnungseigentümers hat der Verwalter eine Kopie des Energieausweises gegen Kostenersatz auszufolgen.

Der Energieausweis bezieht sich auf das gesamte Haus

Außerordentliche Verwaltung

Maßnahmen auf einer Liegenschaft (Gebäude), die nicht mehr zum Bereich der ordentlichen Verwaltung zählen, stellen solche der außerordentlichen Verwaltung dar. Das Allgemeine Bürgerliche Gesetzbuch verlangt für derartige Maßnahmen immer die Zustimmung aller Miteigentümer.

Im Wohnungseigentumsgesetz hingegen genügt für viele Maßnahmen der außerordentlichen Verwaltung bereits eine Mehrheitsentscheidung. Die überstimmte Minderheit hat jedoch das Recht, den Beschluss der Mehrheit über die geplanten Änderungen vom Gericht (auch inhaltlich) überprüfen zu lassen. Dies wird im § 29 WEG geregelt.

Außerordentliche Verwaltung: Mehrheitsbeschluss gem § 29 WEG

Der hier geregelte Bereich erfasst ausschließlich Veränderungen an den allgemeinen Teilen der Liegenschaft, die über die in § 28 genannten Angelegenheiten hinausgehen, wie etwa

- nützliche Verbesserungen oder
- sonstige über die Erhaltung hinausgehende bauliche Veränderungen.

Verbesserungen müssen nützlich sein und sich ebenso wie die baulichen Veränderungen immer auf allgemeine Teile des Hauses beziehen. Die Standardanhebung eines oder mehrerer Wohnungseigentumsobjekte beispielsweise fällt daher nie unter § 29 WEG. Nach der Judikatur sind folgende Veränderungen nach den besonderen Bestimmungen des § 29 WEG zu beurteilen:

- Bauliche Änderungen, z.B. Austausch SAT-Anlage gegen Kabelanlage (5 Ob 157/02b), Umstellung einer ölbefeuerten Zentralheizungsanlage auf Fernwärme (5 Ob 133/07f), Errichtung einer Streetball-Anlage neben dem Kinderspielplatz (5 Ob 197/97z), Neuerrichtung einer Aufzugsanlage (5 Ob 124/99t) und Herstellung einer behindertengerechten Rampe, um zum Haustor zu gelangen (5 Ob 264/07m), Errichtung einer Photovoltaik-Anlage am Dach (5 Ob 82/17w).

Beispiel

Zu der (nicht immer einfachen) Abgrenzung ein Beispiel: In einer Wohnungseigentumsanlage sollen die Fenster getauscht werden. Diese Maßnahme ist

- ordentliche Verwaltung i.S. des § 28 WEG, sofern die alten Fenster irreparabel sind oder die Reparatur wirtschaftlich nicht gerechtfertigt ist;
- außerordentliche Verwaltung i.S. des § 29 WEG, sofern der Tausch nicht notwendig ist, die neuen Fenster aber im Hinblick auf den Schall- und Wärmeschutz sinnvoll sind (nützliche Verbesserung);
- weder noch, wenn die gut dämmenden Fenster nur wegen der Farbe der Fensterrahmen getauscht werden sollen. Hier liegt außerordentliche Verwaltung i.S. des ABGB vor (regelmäßig Einstimmigkeit erforderlich).

Barrierefrei

Unter gewissen Voraussetzungen kann eine barrierefreie Ausgestaltung allgemeiner Teile der Liegenschaft (z.B. Treppenlift) auch ein einzelner Wohnungseigentümer herbeiführen (siehe Änderungsrecht nach § 16 WEG, ► Seite 44).

- Widmungsänderungen allgemeiner Flächen oder Räume, z.B. Umwidmung und Vermietung der früheren Waschküche (5 Ob 490/97p). Die Grenze zu Benützungsregelungen, deren Festlegung einstimmig erfolgen muss, ist in derartigen Fällen nicht einfach zu ziehen.
- Sonstige Beschlüsse in Verwaltungsangelegenheiten, z.B. Kostenersatz an die Wohnungseigentümer, die den Tausch ihrer Fenster zunächst selbst finanziert haben (5 Ob 255/03s).

Die Regeln für die Beschlussfassung gelten auch hier

Unter welchen Voraussetzungen derartige Mehrheitsbeschlüsse von der Minderheit zu dulden sind, wird nachfolgend dargestellt. Die Beschlüsse über diese Maßnahmen der außerordentlichen Verwaltung sind von den Wohnungseigentümern mit ausreichender Mehrheit zu fassen. Hierbei sind natürlich alle Vorschriften, wie sie der § 24 WEG für eine ordentliche Beschlussfassung vorsieht, einzuhalten.

- Rechtzeitige Verständigung aller Wohnungseigentümer von der geplanten Beschlussfassung. Bei einer geplanten Eigentümerversammlung: Hausanschlag und Zustellung. Beim Umlaufbeschluss: Zustellung an alle Wohnungseigentümer samt Bekanntgabe einer Frist für die Äußerung.
- Beschluss in der Eigentümerversammlung (samt „additiver" Fortsetzung) oder im Umlaufverfahren.
- Verständigung von der Beschlussfassung (Hausanschlag und Zustellung) und „Rechtsbelehrung" (Zustellung an die Wohnungseigentümer).

Beschlussanfechtung bei der außerordentlichen Verwaltung

Zusätzlich zu den formalen Gründen, aus denen jeder Beschluss in der Ein-Monats-Frist (§ 24 WEG) angefochten werden kann, stehen hier auch zwei inhaltliche Gründe für eine Beschlussanfechtung offen (die Frist beträgt drei bzw. sechs Monate):

- nicht gesetzeskonforme Finanzierung der Kosten oder
- übermäßige Beeinträchtigung des Antragstellers (Unzumutbarkeit).

Aus diesen beiden inhaltlichen Anfechtungsgründen können die Überstimmten (Minderheit) die gerichtliche Aufhebung des Mehrheitsbeschlusses verlangen. Der Antrag ist gegen die (alle) übrigen Wohnungseigentümer zu richten, nicht jedoch gegen die Eigentümergemeinschaft. Die Anfechtungsfrist wegen dieser beiden Gründe beträgt drei Monate ab Hausanschlag. Wurde der Wohnungseigentümer von der beabsichtigten Beschlussfassung nicht verständigt, beträgt die Anfechtungsfrist sogar sechs Monate.

Die gesetzeskonforme Finanzierung

- In der Rücklage ist so viel Geld vorhanden, dass neben den in absehbarer Zeit anfallenden Erhaltungsarbeiten auch die Kosten der Veränderung gedeckt werden können.
- In der Rücklage ist zu wenig (gar kein) Geld für die Kosten der Veränderung vorhanden.
  - Dann muss die beschließende Mehrheit auch erklären, den nicht gedeckten bzw. den gesamten Kostenteil zu tragen, oder
  - es ist eine Verbesserung, die auch unter Berücksichtigung der fehlenden Kostendeckung allen Wohnungseigentümern eindeutig zum Vorteil gereicht (z.B. der Einbau einer Torsprech-

Beispiel

Der Einbau eines Liftes in einer Wohnanlage gerät allen Miteigentümern zum Vorteil, wenn hier selbst zum Erreichen der niedrigstgelegenen Wohnungen 16 Stufen überwunden werden müssen. Damit ist eine Wertsteigerung aller Objekte verbunden (5 Ob 124/99t).

und Öffnungsanlage; die Schaffung eines behindertengerechten Zugangs durch eine Rampe zum Haustor; 5 Ob 264/07w).

Liegt also eine der beschriebenen Finanzierungsmöglichkeiten vor bzw. sind die Voraussetzungen dafür gegeben, darf ein Mehrheitsbeschluss aus diesem Grund nicht aufgehoben werden.

Die übermäßige Beeinträchtigung

Eine sehr kasuistische Rechtsprechung macht es nicht gerade einfach, hier allgemein gültige Regeln darzustellen.

Nicht jede Beeinträchtigung macht den Beschluss anfechtbar

Nicht jede, sondern nur eine übermäßige Beeinträchtigung des Überstimmten, der die gerichtliche Entscheidung begehrt, kann eine Aufhebung des Beschlusses rechtfertigen. Geringfügige Beeinträchtigungen hingegen müssen hingenommen werden. Bei der Abwägung sind sowohl materielle als auch ideelle Interessen zu berücksichtigen.

Bei einer allen Wohnungseigentümern zum Vorteil gereichenden Verbesserung, die eine bessere Benützbarkeit der Anlage und Wertsteigerung der Objekte bewirkt, verliert eine geringe Kostenbelastung überhaupt an Gewicht.

Würde eine Veränderung nur zu einer Beeinträchtigung des Überstimmten führen, die finanziell ausgeglichen werden kann, dann hat das Gericht im Verfahren die angemessene Entschädigung ziffernmäßig festzusetzen und die Durchführung nur unter der Auflage der Zahlung zu genehmigen (§ 29 Abs. 4 WEG).

Der Verwalter und die außerordentliche Verwaltung gem. § 29 WEG

Der Verwalter darf die hier erfassten Maßnahmen erst nach Rechtswirksamkeit des Beschlusses umsetzen. Wurde der Beschluss einstimmig gefasst, kann er sofort handeln. Steht hingegen der überstimmten Minderheit noch eine Anfechtung des Beschlusses offen, wird der Verwalter die Rechtswirksamkeit des Beschlusses abwarten. Andernfalls könnte er auf den Kosten „sitzen bleiben".

Beispiel 1: Neuer Lift

In einem viergeschoßigen Haus (Erdgeschoß und drei Stockwerke Obergeschoße) befinden sich 21 Wohnungen und ein Geschäftslokal. Die Summe der Mindestanteile aller Objekte beträgt 1379, für die Eigentümermehrheit Mehrheit sind daher 690 Anteile erforderlich. **Hinweis:** Einen wirksamen Beschluss können unter Umständen auch weniger Anteile fassen, je nach Anzahl der abgegebenen Stimmen und dem Stimmverhalten.

In der Rücklage sind rund 20.000 € vorhanden. Die Eigentümermehrheit beschließt die Neuerrichtung eines Personenaufzugs mit vier Ausstiegsstellen (je Geschoß eine). Die Bauvorschriften lassen den Einbau an der geplanten Stelle zu, die Kosten werden auf 90.000 € geschätzt. Die Eigentümer der Wohnungseigentumsobjekte im Erdgeschoß haben von der Lifterrichtung keinen Vorteil, sie sollen daher auch nicht mit den Liftbetriebskosten belastet werden. An den Herstellungskosten sollen sie dagegen mitzahlen. Die Eigentümermehrheit (850 von 1.379 Anteilen) beschließt die Lifterrichtung. Die Finanzierung der Errichtungskosten soll über die Rücklage erfolgen. Der Verwalter soll die Vorschreibungen zur Rücklage im notwendigen Ausmaß erhöhen.

Keine Beschlussanfechtung: Die überstimmte Minderheit unternimmt innerhalb der Anfechtungsfrist nichts. Der Beschluss wird rechtswirksam. Damit müssen sich alle Wohnungseigentümer an den Kosten beteiligen.

Beschlussanfechtung: Zwei überstimmte Wohnungseigentümer bekämpfen den Beschluss beim Bezirksgericht. Der Richter hebt den Beschluss wegen gesetzwidriger Finanzierung zur Gänze auf.

Beispiel 2: Neuer Lift, andere Finanzierung

Die Eigentümermehrheit (850 von 1.379 Anteilen) beschließt die Lifterrichtung. Die Finanzierung der gesamten Errichtungskosten soll nur von den am Lift interessierten Wohnungseigentümern getragen werden. Dazu gibt es eine eigene Liste, wie hoch der Anteil der einzelnen Wohnungseigentümer ist. Auch diese Kostenaufteilung ist Bestandteil des Beschlusses.

Beschlussanfechtung 1: Ein Wohnungseigentümer bekämpft den Mehrheitsbeschluss und argumentiert mit den höheren Kosten, die ihm angeblich erwachsen, weil er dem Beschluss über die Finanzierung „nicht traut". Das Gericht weist den Antrag ab und bestätigt den Mehrheitsbeschluss, weil die Finanzierung entsprechend der Bestimmung des § 29 WEG beschlossen worden ist und die Rücklage nicht belastet werden darf.

Beschlussanfechtung 2: Ein anderer Wohnungseigentümer bekämpft den Mehrheitsbeschluss wegen „übermäßiger Beeinträchtigung". Er befürchtet durch das Auf- und Abfahren der Liftkabine sowie das Zuschlagen der Lifttüre eine Beeinträchtigung durch Lärm und Vibrationen in seiner Wohnung, die direkt an den Liftschacht angrenzt. Hier wird das Gericht eine Entscheidung nur unter Zuhilfenahme eines Sachverständigen für die aufgeworfenen Fragen treffen können. Unter Umständen wird auch die Bauweise des geplanten Liftschachtes näher erörtert werden müssen, damit eine übermäßige Beeinträchtigung ausgeschlossen werden kann. Je nach Ergebnis des Beweisverfahrens wird dem Antrag des Wohnungseigentümers stattgegeben werden oder der Beschluss der Eigentümermehrheit bestätigt werden.

Beispiel 3: Neuer Lift, aber zu wenig Geld für Erhaltungsarbeiten

Die Eigentümermehrheit (850 von 1.379 Anteilen) beschließt die Lifterrichtung. Für die Finanzierung der Errichtungskosten soll die vorhandene Rücklage von 20.000 € herangezogen werden, und die restlichen 70.000 € sollen von den am Lift interessierten Wohnungseigentümern getragen werden. Dazu gibt es eine eigene Liste, wie hoch der Anteil der einzelnen Wohnungseigentümer ist. **Beschlussanfechtung:** Ein Wohnungseigentümer bekämpft den Beschluss und bringt vor, es stünden notwendige Erhaltungsarbeiten am Haus an, für die die vorhandene Rücklage benötigt werde. Für die Neuerrichtung des Liftes bliebe daher kein Geld übrig. Hier muss das Gericht zunächst prüfen, welche Erhaltungsarbeiten in nächster Zeit anstehen und mit welchen Kosten dafür zu rechnen ist. Im Regelfall wird zur Klärung dieser Fragen vom Gericht ein Sachverständiger bestellt. Nach Erörterung des Gutachtens mit den Parteien hat das Gericht seine Entscheidung zu treffen. Wird die vorhandene Rücklage tatsächlich für die Hauserhaltung benötigt, so wird der Mehrheitsbeschluss zur Lifterrichtung aufzuheben sein. Stehen keine oder nur geringfügige Arbeiten an, hat das Gericht den Mehrheitsbeschluss zu bestätigen.

Beispiel 4: Kinderspielplatz

Eine Mehrheit von 92 Prozent der Anteile (Großteils Familien mit Kleinkindern) beschließt im Februar 2023 die Errichtung eines Kleinkinderspielplatzes mit Sandkiste auf der bisherigen Rasenfläche im Hof. Die Anfechtungsfrist beträgt drei Monate. Der Verwalter wird von den Wohnungseigentümern bedrängt, gleich die notwendigen Bestellungen und Arbeiten zu beauftragen, weil das Frühjahr und das schöne Wetter naht. Er lässt sich überreden und beauftragt Anfang April 2023 die Handwerker, Kosten rund 3.500 €. Anfang Mai 2023 begehrt der Wohnungseigentümer B. die Aufhebung des Beschlusses. Er sei durch den geplanten Kinderspielplatz übermäßig beeinträchtigt. Die Fenster seiner Wohnung im Erdgeschoß gehen auf den Hof. Er müsste den ganzen Tag den Kinderlärm ertragen, ist aber aufgrund seiner gesundheitlichen Situation besonders ruhebedürftig. Diese Veränderung sei ihm daher nicht zumutbar. Das Gericht hebt im Juli 2024 mit Sachbeschluss den Mehrheitsbeschluss vom Februar 2023 auf, weil der Wohnungseigentümer B. durch die zu erwartenden Lärmentwicklung vom Kleinkinderspielplatz übermäßig beeinträchtigt wäre. Nun steht der Verwalter vor den „Scherben" seines vorzeitigen Handelns. Der Aufwand für den Kinderspielplatz darf nicht mehr in der Abrechnung ausgewiesen werden, weil für diese Maßnahme (Veränderung) kein wirksamer Beschluss vorliegt. Er muss die Kosten selber tragen. Darüber hinaus muss er auch noch die Kosten für die Entfernung der Sandkiste tragen.

Übersicht über die verschiedenen Quoren

Ausreichende Mehrheitsentscheidung genügt bei

- Maßnahmen der ordentlichen Verwaltung (§ 28 WEG)
- Maßnahmen der außerordentlichen Verwaltung (§ 29 WEG); Minderheit kann die Entscheidung aber gerichtlich überprüfen lassen
- Änderung des Verteilungsschlüssels, aber nur für Energiekosten von Gemeinschaftsanlagen in pauschalierter Form (§ 32 Abs. 4 WEG)
- Wahl eines Eigentümervertreters, wenn ein Verwalter bestellt ist (§ 22 WEG)

Zweidrittelentscheidung genügt bei

- Beschluss über eine vorläufige Benützungsregelung während des gerichtlichen Verfahrens (§ 17 Abs. 2)
- Verkürzung oder Verlängerung der Zweijahresfrist zur Einberufung von Eigentümerversammlungen (§ 25 Abs. 1 WEG)
- Änderung des Verteilungsschlüssels, aber nur bei Umstellung von verbrauchsabhängigen Aufwendungen (§ 32 Abs. 3 WEG)

Einstimmigkeit ist erforderlich bei

- geplanten Änderungen (einschließlich Widmungsänderungen) des einzelnen Wohnungseigentümers, wenn eine Beeinträchtigung schutzwürdiger Interessen der anderen Wohnungseigentümer denkbar ist (Genehmigungspflicht – § 16 WEG)
- Vereinbarung über eine Benützungsregelung an allgemeinen Hausteilen (§ 17 WEG)
- Vereinbarung über eine Gemeinschaftsordnung (§ 26 WEG)
- Änderung des Verteilungsschlüssels allgemein, z.B. Nutzfläche statt Nutzwerte, oder für bestimmte Kostenarten, z.B. Kosten der Erhaltung der Außenfenster (§ 32 Abs. 2 WEG)
- geänderte Abrechnungs- und Abstimmungseinheiten (§ 32 Abs. 2 WEG)
- Änderung der Verteilung von Erträgnissen (§ 33 WEG)
- Abschluss und Aufkündigung von Mietverträgen mit Wohnungseigentümern – z.B. über einen Kfz-Abstellplatz oder gesondert nutzbare allgemeine Hausteile wie Garten, Abstellräume etc.
- allen von der Mehrheit gewünschten Änderungen (daher keine ordentliche Verwaltung), die keine Maßnahme der außerordentlichen Verwaltung gemäß § 29 WEG darstellen – z.B. Fenstertausch nur aus optischen Gründen

Hinweis: In manchen Fällen kann das Gericht die fehlende Zustimmung ersetzen.

Außerordentliche Verwaltung: Einstimmigkeit erforderlich (§ 834 ABGB)

Alle anderen Veränderungen, die nicht von der Regelung des § 29 WEG erfasst werden, bedürfen jedoch der Zustimmung aller Wohnungseigentümer – Einstimmigkeit erforderlich. Stimmt ein Miteigentümer nicht zu, muss das Gericht die fehlende Zustimmung ersetzen, damit die Maßnahme durchgeführt werden kann. In der Praxis ist der häufigste Fall, in dem Einstimmigkeit gefordert ist, die Vermietung einer Fläche oder eines Raums, die im allgemeinen Eigentum stehen, an einen Miteigentümer, oder die Vermietung an einen Dritten zu unüblichen Bedingungen (1 Ob 179/21m). Hier genügt kein Mehrheitsbeschluss.

Bei Vermietung an einen Wohnungseigentümer: Einstimmigkeit

Auch Benützungsvereinbarungen über die allgemeinen Teile der Liegenschaft bedürfen der Einstimmigkeit (§ 17 WEG). **Sonderfall:** Während eines anhängigen Verfahrens über die gerichtliche Festlegung einer Benützungsvereinbarung kann eine Mehrheit von zwei Dritteln der Anteile eine vorläufige Benützungsregelung beschließen.

Alles rund ums Finanzielle

Wie in vielen Lebensbereichen kommt auch beim Wohnen dem Finanziellen erhebliche Bedeutung zu. Der Kaufpreis ist hier nicht Thema, sondern die laufenden Kosten für die Liegenschaft und das Gebäude, nämlich Betriebskosten und Kosten von Erhaltungs-/(Veränderungs-)arbeiten. Diese Kosten werden regelmäßig vom Verwalter vorgeschrieben; sie sollen von ihm ordnungsgemäß verwendet und abgerechnet werden.

Zahlungsverkehr

Der Verwalter hat alle die Eigentümergemeinschaft betreffenden Ein- und Auszahlungen über ein für jeden Wohnungseigentümer einsehbares Eigenkonto der Eigentümergemeinschaft oder ein ebenso einsehbares Anderkonto durchzuführen. (§ 20 Abs. 6 WEG)

Tipp

Achten Sie darauf, dass nach Möglichkeit bereits im Verwaltungsvertrag die Pflicht des Verwalters zur Einrichtung eines „Eigenkontos" der Gemeinschaft, über das alle Ein- und Auszahlungen durchgeführt werden sollen, vorgesehen wird. Sieht der Verwaltervertrag keine diesbezügliche Regelung vor, kann die Eigentümermehrheit dem Verwalter jedenfalls eine entsprechende Weisung für die Zukunft erteilen.

Damit ist einmal klargestellt, dass es für jede Liegenschaft ein eigenes Konto geben muss. Wenn der Verwalter mehrere Liegenschaften verwaltet, muss er für jede ein eigenes Konto anlegen. Die Sammelverwahrung der Guthaben von verschiedenen Liegenschaften auf nur einem Konto ist jedenfalls unzulässig! Der Verwalter hat zwar die Wahl zwischen „Eigenkonto" und „Anderkonto", doch ist aus Sicht der Wohnungseigentümer dem „Eigenkonto" der Vorrang zu geben.

Besser ein Eigenkonto als ein Anderkonto

„Eigenkonto" bedeutet, dass Kontoinhaber die Eigentümergemeinschaft selbst ist. Die Eigentümergemeinschaft ist also Vertragspartner der Bank. Der Verwalter ist als Vertreter der Gemeinschaft über das Konto bloß verfügungsberechtigt. Im Fall eines Verwalterwechsels bleibt das Konto dasselbe, nur der Verfügungsberechtigte wechselt. Sämtliche Dauer- und Einziehungsaufträge bleiben daher auch bei einem Verwalterwechsel aufrecht. Das Eigenkonto bietet im Fall der Insolvenz des Verwalters auch den Vorteil, dass das darauf befindliche Guthaben klar vom Vermögen des Verwalters getrennt ist.

Das „Anderkonto" hingegen ist ein Konto des Hausverwalters, das er für eine bestimmte Liegenschaft eingerichtet hat. Hier ist der Verwalter Vertragspartner der Bank. Er wird daher auch Eigentümer der eingezahlten Gelder und verwaltet diese als „Treuhänder" für die Eigentümergemeinschaft. Bei einem Verwalterwechsel muss ein neues Konto eröffnet, alle Dauer- und Einziehungsaufträge müssen neu eingerichtet werden. Ein besonderer Nachteil kann sich im Insolvenzfall des Verwalters ergeben. Zunächst sind alle Gelder blockiert, dann muss die Herausgabe der Gelder unter Umständen erst am Rechtsweg „erstritten" werden, wenn der Masseverwalter der Auszahlung nicht zustimmt.

Die „Einsehbarkeit" des Kontos ist nicht so zu verstehen, dass jeder Wohnungseigentümer jederzeit bei der Bank Auskunft über das Konto verlangen kann. Hingegen hat der Verwalter den Wohnungseigentümern über deren Verlangen Auskunft bzw. Einblick in die Kontounterlagen (Kontoauszüge) zu gewähren. Darüber hinaus könnte der Verwalter einzelnen Wohnungseigentümern (Hausvertrauenspersonen) auch einen Zugang zu den Kontoauszügen übers Internet oder mittels Kontokarte zum Ausdrucken in der Bankfiliale einräumen.

Die Vorausschau

Der Verwalter hat bis Ende der laufenden Abrechnungsperiode den Wohnungseigentümern eine Vorausschau über Folgendes zur Kenntnis zu bringen:

- die vorhersehbaren Aufwendungen für die laufende Bewirtschaftung (Betriebs- und Instandhaltungskosten) und die sich daraus ergebenden Vorauszahlungen sowie
- die in absehbarer Zeit notwendigen, über die laufende Instandhaltung hinausgehenden Erhaltungsarbeiten („Großreparaturen"), allenfalls auch Verbesserungsarbeiten, und die dafür erforderlichen Beiträge zur Rücklage.

Das bedeutet, dass die Vorausschau über das folgende Kalenderjahr hinaus, sozusagen in einem zweiten Teil, auch die bereits absehbare geplante mehrjährige Entwicklung abbilden soll. Der Verwalter als Fachmann muss aufgrund seiner Erfahrung, allenfalls unter Beiziehung von Fachkräften, eben über einen längeren Zeitraum einen (Sanierungs-)Plan aufstellen.

Da Verbesserungsarbeiten nicht zu den Maßnahmen der ordentlichen Verwaltung gehören (► Seite 120) sind diese nur dann in die Vorausschau aufzunehmen, wenn bereits ein Mehrheitsbeschluss der Wohnungseigentümer zu einer bestimmten Maßnahme vorliegt.

Welche Reparaturen anstehen, lässt sich der Vorausschau entnehmen

Durch die Vorausschau sollen die Wohnungseigentümer ausreichend Information über die (vom Verwalter) geplanten größeren Arbeiten erhalten. Sie können dann gegebenenfalls entsprechende Weisungen an den Verwalter erteilen (5 Ob 98/07h). Reagieren die Wohnungseigentümer hingegen gar nicht auf die gelegte Vorausschau, so kann dies weder als

Beispiel

In der Vorausschau, gelegt im Dezember 2023, ist ein geplanter Fenstertausch und eine Fassadensanierung für die folgenden zwei bis drei Jahre (2025 bis 2026) vorgesehen. Die Kosten dafür werden mit rund 30.000 € angegeben. Einzelne Wohnungseigentümer halten jedoch die Erneuerung der ebenfalls rund 30 Jahre alten Zentralheizungsanlage für wichtiger. Nach ersten Besprechungen mit Heizungstechnikern wird durch die Umstellung der Heizung auf eine Anlage mit moderner Technologie eine Ersparnis von rund 25 Prozent der jährlichen Energiekosten erwartet. Sie initiieren einen Beschluss, womit dem Verwalter die Weisung erteilt werden soll, mit der Fassadensanierung und dem Fenstertausch zunächst zuzuwarten und stattdessen weitere Informationen zu einer Erneuerung der Heizungsanlage (Technologien und Preise) einzuholen. Dies insbesondere auch unter Berücksichtigung der zu erwartenden Förderung bei Umstellung der Heizungsanlage. Erst nach Vorliegen entsprechender Ergebnisse soll eine Entscheidung über die Durchführung der Fassadensanierung und Fenstererneuerung getroffen werden. Tatsächlich erfolgt im März 2024 ein entsprechender Mehrheitsbeschluss der Wohnungseigentümer und dem Verwalter wird diese Weisung überbracht. Befolgt der Verwalter die Weisung nicht, sondern hält an der von ihm geplanten Fassadensanierung und dem Fenstertausch fest, handelt er grob pflichtwidrig, was zu einer Honorarkürzung gem. § 20 Abs. 10 WEG und unter Umständen zur vorzeitigen Auflösung seiner Verwaltungsvertrages gem. § 21 Abs. 3 WEG führen kann. Überdies kann er der Eigentümergemeinschaft gegenüber schadenersatzpflichtig werden.

ausdrückliche Zustimmung noch als ausdrückliche Ablehnung der vom Verwalter in Aussicht genommenen Maßnahmen verstanden werden!

Im Wesentlichen bindet die Vorausschau den Verwalter aber in der weiteren Geschäftsbesorgung (5 Ob 72/93); und mangels gegenteiliger Weisung der Eigentümermehrheit stellt sie grundsätzlich auch eine ermächtigende Vorgabe für seine Tätigkeit dar (5 Ob 311/99t). Setzt er ganz andere Maßnahmen als die in der Vorausschau vorgesehenen, handelt er pflichtwidrig. Davon ausgenommen sind natürlich Gebrechen oder sonstiges Unvorhergesehenes, das z.B. aufgrund eines behördlichen Auftrags zu erledigen ist.

Die Vorausschau ist immer für die gesamte Liegenschaft vorzunehmen. Neben den voraussichtlichen Kosten hat der Verwalter immer

Beispiel

Kalkuliert der Verwalter in der Vorausschau eine Erhöhung der Betriebskosten im Folgejahr um 3 Prozent, so muss er die Vorschreibung entsprechend anpassen. Eine darüber hinausgehende Erhöhung um 10 Prozent wäre jedoch grundlos und damit pflichtwidrig erfolgt. **Vorsicht:** Reduziert ein Wohnungseigentümer eigenmächtig die Vorschreibung des Verwalters und bringt nur den reduzierten Betrag zur Einzahlung, läuft er Gefahr, dass der Differenzbetrag eingeklagt und die Klage im Grundbuch gem. § 27 Abs. 2 WEG angemerkt wird. Um die Höhe der Vorschreibungen entsprechend zu senken und sich nicht der Gefahr einer Klage auf Zahlung samt Klagsanmerkung im Grundbuch auszusetzen, muss zunächst die Rücklagenhöhe gesenkt werden. Dies kann durch einen Mehrheitsbeschluss der Wohnungseigentümer oder über Antrag durch das Gericht in einem Verfahren gem. § 22 WEG erfolgen. Zum Verfahren siehe ► Seite 58.

auch einen Vorschlag zur Bedeckung der Kosten vorzunehmen (z.B. Erhöhung der Rücklage über einen zweijährigen Zeitraum oder Aufnahme eines Darlehens zur Finanzierung einer geplanten größeren Erhaltungsarbeit). Für das unmittelbar folgende Kalenderjahr muss sich die Höhe der Vorschreibung direkt aus der Vorausschau ergeben.

Die Vorausschau muss so gestaltet sein, dass ein durchschnittlicher Wohnungseigentümer in der Lage ist, sich einen Überblick über die voraussichtlich anfallenden Bewirtschaftungskosten im Folgejahr und

Zustellung

Die Vorausschau ist allen Wohnungseigentümern schriftlich zu übermitteln und überdies ist ein Hausanschlag an deutlich sichtbarer Stelle (z.B. Schwarzes Brett) vorzunehmen. Gibt es mehrere Gebäude oder mehrere Stiegenhäuser, so ist der Hausanschlag mehrfach vorzunehmen. Die schriftliche Übermittlung an alle Wohnungseigentümer hat prinzipiell an die Adresse des Wohnungseigentumsobjektes, im Fall eines Abstellplatzes für Kraftfahrzeuge an eine vom Wohnungseigentümer angegebene inländische Anschrift zu erfolgen. Über Wunsch des Wohnungseigentümers hat der Verwalter die Zustellung an eine andere inländische Adresse oder anstelle dessen eine Übermittlung auf elektronischem Weg vorzunehmen (§ 24 Abs. 5 WEG).

Beispiel

Die schlanke Textierung einer Vorausschau: „Die Aufwendungen im kommenden Jahr bleiben in ungefähr derselben Höhe wie im vergangen Jahr", genügt nicht den Erfordernissen, die an eine Vorausschau gestellt werden. Aus der gewählten Formulierung ergibt sich weder die Höhe der Vorschreibungen für das Folgejahr, noch ist ersichtlich, ob für die Zukunft (mehrere Jahre) größere Erhaltungsarbeiten geplant sind. Sollte dies der Fall sein, müsste die Rücklage voraussichtlich entsprechend angehoben werden.

die Kosten größerer Erhaltungsarbeiten in einem mehrjährigen Zeitraum zu verschaffen.

Die Unterlassung der Erstellung einer Vorausschau stellt jedenfalls eine Pflichtverletzung des Verwalters dar. Wird die Vorausschau pflichtwidrig gar nicht oder nicht in der vorgesehenen Form gelegt, kann jeder Wohnungseigentümer einen Antrag auf Legung der Vorausschau beim Bezirksgericht im wohnrechtlichen Außerstreitverfahren einbringen. Hier richtet sich der Antrag gegen den Verwalter, die anderen Wohnungseigentümer genießen Parteistellung. Näheres zum Verfahren siehe ► Seite 58.

Die Aufwendungen und die Rücklage

Erhaltungsarbeiten werden aus der Rücklage finanziert

Die Bestimmung des § 31 Abs. 2 WEG spricht nur davon, dass die Aufwendungen für die Liegenschaft aus der Rücklage zu decken sind. Im Regelfall werden jedoch zwei getrennte Verrechnungskreise gebildet. Einmal für die laufenden Bewirtschaftungskosten (Betriebskosten) und einmal für alle übrigen Kosten, insbesondere Erhaltungsarbeiten, die Rücklage im engeren Sinn. Da das WEG keine Definition von „Bewirtschaftungskosten" kennt, sind hier im Regelfall jedenfalls die Betriebskosten im Sinne des Mietrechtsgesetzes gemeint. Neben den eigentlichen Betriebskosten, wie sie im Mietrechtsgesetz definiert sind, umfasst der Begriff „laufende Bewirtschaftungskosten" aber z.B. auch Rechtsanwalts- oder Steuerberaterkosten. Die Unterscheidung zwischen Bewirtschaftungskosten und anderen Kosten ist hier nicht so wichtig, weil die Wohnungseigentümer schlussendlich alle liegenschaftsbezogenen Kosten tragen müssen. Durch Vereinbarung, z.B. im Verwaltungsvertrag oder Mehrheitsbeschluss, können auch andere laufende Kosten im Verrechnungskreis „Bewirtschaftungskosten" erfasst werden. Über diese Bewirtschaftungskosten ist vom Verwalter jährlich eine Abrechnung zu legen, ein allfälliger Saldo ist auszugleichen – durch Nachzahlung der Wohnungseigentümer bzw. Gutschrift für dieselben.

Anders verhält es sich bei der Rücklagenverrechnung. Die Rücklage dient außer zur Finanzierung aktuell notwendiger Arbeiten auch als Ansparsystem für künftige Erhaltungsarbeiten. Ein in der Abrechnung ausgewiesener Überschuss wird nicht ausbezahlt, sondern bleibt für die Folgejahre erhalten.

Die Rücklage

Die Mindestrücklage ist nach der Gesamtnutzfläche zu errechnen

Die Rücklage (§ 31 WEG) ist eine Besonderheit des Wohnungseigentums: ein „Ansparsystem" für künftige Aufwendungen im Sinne von größeren Erhaltungsarbeiten. Für Verbesserungsarbeiten kann die Rücklage nur dann verwendet werden, wenn entsprechende Mehrheitsbeschlüsse vorliegen. Mit den regelmäßig zu leistenden Beiträgen können allfällige Zahlungsschwierigkeiten einzelner Wohnungseigentümer frühzeitig erkannt werden; und sie erleichtern die Kalkulation der Wohnkosten für den einzelnen Wohnungseigentümer. Auch die Kosten von Großreparaturen sollten bei einer entsprechend hoch dotierten Rücklage für die Wohnungseigentümer keine Finanzierungsprobleme darstellen.

Mit der WEG-Novelle 2022 hat der Gesetzgeber einen Mindestbetrag für die Rücklage festgesetzt. Dieser beträgt aktuell 0,90 Euro je Quadratmeter Nutzfläche und Monat.

Dieser Betrag multipliziert mit der Gesamtnutzfläche aller Wohnungseigentumsobjekte ergibt eine Summe für das gesamte Gebäude, die in der Folge nach dem allgemeinen Verteilungsschlüssel (im Regelfall nach Nutzwerten) auf die einzelnen Wohnungseigentumsobjekte aufgeteilt wird.

Der Mindestbetrag wird nach dem Verbraucherpreisindex wertgesichert. Die Änderungen erfolgen ab dem 1. Jänner 2024 jedes zweite Jahr jeweils mit 1. Jänner des betreffenden Jahres.

Ein Unterschreiten dieses Mindestbetrages der Rücklage ist nur in Ausnahmefällen zulässig: Kurz nach Neuerrichtung oder durchgreifender Sanierung eines Gebäudes, wenn die vorhandene Rücklage bereits sehr hoch dotiert ist oder bei Reihen- und Einzelhausanlagen, wenn die Wohnungseigentümer weitreichende Erhaltungskosten durch eine entsprechende Vereinbarung selbst zu tragen haben.

Die Rücklage ist zwingend in angemessener Höhe zu bilden. Die Beitragspflicht trifft immer alle Wohnungseigentümer im Verhältnis ihrer Anteile gleich. Der Verwalter handelt rechtswidrig, wenn er einzelnen Wohnungseigentümer gar nichts bzw. geringere Beträge vorschreibt (5 Ob 247/04s). Die Beiträge zur Rücklage sind immer in Geld zu leisten, nicht durch „Überlassung" von Wertpapieren oder anderen Wertgegenständen.

Sonderfall: Bei abweichenden Abstimmungs- und Abrechnungseinheiten (► Seite 167) sind auch gesonderte „abweichende" Rücklagen je Einheit zu bilden. Diese sind dann nur von jenen Wohnungseigentümern zu dotieren, die Mitglied in der jeweiligen Einheit sind. Auch in diesen Fällen ist die Mindesthöhe der Rücklage zu beachten.

Die gesetzliche Anordnung, eine Rücklage in „angemessener Höhe" zu bilden, kann nur im Zusammenhang mit den voraussichtlichen künftigen Aufwendungen gesehen werden. Daraus wird ersichtlich, wie wichtig eine korrekte Vorausschau des Verwalters ist. Nur anhand dieser kann die Höhe der künftigen größeren Aufwendungen für die Liegenschaft und damit die erforderliche Rücklage kalkuliert werden.

Eine künftige thermische Sanierung ist zu bedenken

Ab dem 1. Juli 2022 (WEG-Novelle 2022) ist bei Ermittlung der „angemessenen" Höhe der Rücklage noch ein weiterer Kostenfaktor zu berücksichtigen. Nämlich die voraussichtlichen künftigen Aufwendungen für die thermische Sanierung und/oder energietechnische Verbesserung des Gebäudes.

Die Höhe der Rücklage kann von drei verschiedenen Ebenen festgesetzt werden:

- der Verwalter setzt sie fest;
- die Eigentümergemeinschaft fasst einen entsprechenden Mehrheitsbeschluss;
- das Gericht setzt sie mit Sachbeschluss über Antrag eines Wohnungseigentümers fest.

Vorschreibungen zur Rücklage

Eine eigenmächtige Änderung der Rücklagenhöhe durch den einzelnen Wohnungseigentümer ist nicht zulässig. Solange kein Mehrheitsbeschluss vorliegt, ist die Rücklage in der vom Verwalter festgesetzten Höhe zu bezahlen. Ist ein Verfahren bei Gericht anhängig, gilt bis zur gerichtlichen Entscheidung (Rechtskraft) die zuvor festgesetzte Höhe der Rücklage. Bei einem Haus mit durchschnittlichem Erhaltungszustand müssen Sie längerfristig mit einem Betrag von rund 1,70 Euro je Quadratmeter Nutzfläche und Monat an Erhaltungskosten rechnen. In welcher Höhe sich energietechnische Umgestaltungen – „Ausstieg aus fossiler Energie" – zu Buche schlagen werden, ist derzeit noch nicht absehbar.

Im Regelfall wird die Rücklage als Maßnahme der ordentlichen Verwaltung nach Rücksprache mit den Wohnungseigentümern vom Verwalter festgesetzt. Ein formeller Beschluss der Eigentümer ist dazu nicht erforderlich. Nur wenn die Wohnungseigentümer der Ansicht sind, die vom Verwalter festgesetzte Rücklagenhöhe sei zu hoch oder auch zu gering, kann mit Mehrheitsbeschluss eine Rücklage in anderer Höhe (als zunächst vom Verwalter vorgesehen) festgesetzt werden. Aber auch hier darf die Mindesthöhe der Rücklage nicht unterschritten werden.

Findet ein Wohnungseigentümer, dass die festgesetzte Rücklage zu hoch oder zu niedrig ist, kann über Antrag des Wohnungseigentümers das Bezirksgericht die Rücklage in angemessener Höhe festsetzen (zum Verfahren ► Seite 58). Dabei handelt es sich um ein unbeschränkbares Minderheitsrecht jedes Wohnungseigentümers. Es dient vor allem dem Schutz des Einzelnen vor ungerechtfertigten Mehrheitsbeschlüssen.

Anhand dieses Rücklagen-Beispiels wird auch die Hierarchie der Entscheidungsebenen im Wohnungseigentum bei Maßnahmen der ordentlichen Verwaltung schön verdeutlicht. Zunächst ist der Verwalter zum Handeln verpflichtet (erste Ebene). Kommt er seinem Auftrag nach Ansicht der Mehrheit der Wohnungseigentümer gar nicht bzw. nicht entsprechend nach, kann diese einen anderslautenden Beschluss fassen und dem Verwalter die Weisung erteilen, die Rücklage in anderer Höhe einzuheben (zweite Ebene). Schlussendlich gibt es noch die dritte Ebene, nämlich die Gerichtsentscheidung. Hier hat der einzelne Wohnungseigentümer, der für sein Anliegen keine Mehrheit in der Gemeinschaft findet, die Möglichkeit, eine gerichtliche Entscheidung über die angemessene Rücklagenhöhe herbeizuführen.

Die Rücklage ist ein gebundenes Sondervermögen der Eigentümergemeinschaft (5 Ob254/09b). Es besteht daher kein Miteigentum der Wohnungseigentümer an der Rücklage. Anlässlich des Verkaufs eines Wohnungseigentumsobjektes kommt es daher auch zu keiner Zwischenabrechnung und es findet keine (Teil-)Auszahlung der Rücklage statt (5 Ob 171/09x).

Die Rücklage bleibt ans Haus gebunden

Die Rücklage ist für die Deckung von (künftigen) Aufwendungen der Liegenschaft zu verwenden und vom Verwalter fruchtbringend anzulegen (Sparbuch oder Sparkonto). Hier gilt dasselbe wie beim Konto für die laufenden Zahlungen (► Seite 132). Das Geld kann auf einem Eigenkonto der Eigentümergemeinschaft oder einem Anderkonto des Verwalters, das jeweils für die Wohnungseigentümer einsehbar sein muss, angelegt werden. Auf die Vorteile des Eigenkontos wurde bereits auf ► Seite 128 verwiesen und wir empfehlen dasselbe auch hier.

Die laufenden Vorschreibungen (Betriebskosten und Rücklage) werden von den Wohnungseigentümern zunächst immer auf ein Konto überwiesen. Für die gesonderte (fruchtbringende) Verwahrung der Rücklage muss der Verwalter ein zweites Konto anlegen. Auf dieses zweite Konto wird der Verwalter dann in regelmäßigen Abständen die Rücklagenbeträge überweisen, die nicht gleich benötigt werden. In der Jahresabrechnung muss der Verwalter den Kontostand beider Konten ausweisen.

In der jährlichen Abrechnung muss der Verwalter natürlich auch die Rücklage abrechnen, Näheres dazu ► Seite 135. Darüber hinaus muss der Verwalter bei Beendigung des Verwaltervertrages über die Rücklage eine gesonderte Abrechnung – Schlussrechnung – erstellen.

Die Vorschreibungen

Zur Bedeckung der Betriebskosten und Dotierung der Rücklage muss der Verwalter an die Wohnungseigentümer Zahlungsaufforderungen (Vorschreibungen) übermitteln. Diese Vorschreibungen werden normalerweise je Monat erstellt und bleiben in gleicher Höhe. Dies so lange, als es zu keiner Änderung bei der Rücklagenhöhe bzw. den Betriebskosten kommt. Die Vorschreibungen beinhalten üblicherweise zumindest zwei Bestandteile:

- die Bewirtschaftungskosten, zuzüglich Umsatzsteuer (außer Kleinunternehmer) und
- die Rücklage, in der Vorschreibung ohne Umsatzsteuer.

Die Umsatzsteuer (Mehrwertsteuer) im Wohnungseigentum

Der Verwalter muss bei Erstellung der Vorschreibungen jedenfalls die umsatzsteuerrechtliche Komponente prüfen, um die Vorschreibungen auch in abgabenrechtlicher Hinsicht richtig zu erstellen. Dazu muss er unter Umständen bei den Wohnungseigentümern nachfragen, wozu sie ihr Objekt nutzen, um die steuerliche Zuordnung richtig vornehmen zu können.

Im Sinne des Umsatzsteuergesetzes (UStG) gilt die Eigentümergemeinschaft als Unternehmerin. Sie erbringt gegenüber den Wohnungseigentümern Lieferungen und Leistungen zur Verwaltung und Erhaltung sowie zum Betrieb der im gemeinsamen Eigentum stehenden Teile und Anlagen der Liegenschaft. Die Wohnungseigentümer sind zwar Mitglieder der Eigentümergemeinschaft, trotzdem wird dies als steuerlich relevanter Leistungsaustausch zwischen der Gemeinschaft und dem einzelnen Wohnungseigentümer gewertet.

Verrechnung der Umsatzsteuer

Die korrekte umsatzsteuerliche Behandlung der Leistungen zwischen Eigentümergemeinschaft und Wohnungseigentümern ist seit September 2012 durch eine Neuregelung für die Objekte mit Nicht-Wohnnutzung noch komplizierter geworden. Ob die Verrechnung durch den Verwalter richtig erfolgt (ist), lässt sich am einfachsten anhand der Jahresabrechnung kontrollieren. Die korrekte Jahresabrechnung erfasst jedenfalls auch die umsatzsteuerliche Abrechnung für das Kalenderjahr. Die auf Ihr Objekt entfallende Umsatzsteuer ist auszuweisen. Treten hier Unklarheiten auf, lassen Sie sich die Abrechnung vom Verwalter genau erklären. Bleiben danach noch immer Zweifel an der Richtigkeit der Abrechnung, holen Sie Auskunft bei einer Interessenvertretung oder bei einem Steuerberater ein.

Als Unternehmerin ist die Eigentümergemeinschaft in der Regel zum Vorsteuerabzug berechtigt, soweit ordnungsgemäße Rechnungen für Lieferungen und Leistungen vorliegen. Im Gegenzug ist sie verpflichtet, die Leistungen, die sie im Rahmen der Bewirtschaftung und Verwaltung der Liegenschaft an die einzelnen Wohnungseigentümer erbringt, zu versteuern.

Nur wenn die Eigentümergemeinschaft einen Umsatz von weniger als 35.000 Euro im Jahr erzielt, gilt sie als Kleinunternehmerin. In diesem Fall besteht keine Umsatzsteuerpflicht, aber auch kein Recht zum Vorsteuerabzug. Über Antrag ans Finanzamt kann die Eigentümergemeinschaft aber auch bei derart geringen Umsätzen in die Regelbesteuerung optieren.

Für die USt gelten verschiedene Sätze

Bei größeren Wohnhausanlagen (und bei kleineren nach einer entsprechenden Option) ist die Leistung der Gemeinschaft an die einzelnen Wohnungseigentümer daher entsprechend zu versteuern. Bei Wohnungsnutzung beträgt der Umsatzsteuersatz 10 Prozent der Vorschreibungen, die auf Bewirtschaftung und Erhaltung entfallen. Die Kosten für die Heizung hingegen unterliegen auch bei Wohnungen der Normalbesteuerung (20 Prozent Umsatzsteuer). Ebenso die Verrechnung von Kosten für Verbesserungsmaßnahmen, z.B. für die erstmalige Errichtung eines Aufzuges; sie unterliegt auch bei Wohnnutzung der 20-prozentigen Umsatzsteuer.

Komplizierter wird es bei Objekten, die nicht zu Wohnzwecken genutzt werden: Büros, Geschäfte, aber auch Kfz-Abstellplätze. Je nach Nutzung (privat oder geschäftlich), Zeitpunkt der Wohnungseigentumsbegründung und Rechtsform (Wohnungseigentumsobjekt, Wohnungseigentumszubehör oder gemeinsames Eigentum) findet entweder der Regelsteuersatz von 20 Prozent Anwendung oder es handelt sich um eine „unecht befreite" Leistung. In diesem Fall steht kein Vorsteuerabzug zu, die Verrechnung an den Nutzer erfolgt daher „brutto".

Die Eigentümergemeinschaft erhält verschiedene Rechnungen mit unterschiedlichen Steuersätzen (z.B. Strom mit 20 Prozent, Abfallgebühren mit 10 Prozent, Grundsteuer mit 0 Prozent Belastung). Diese Vorsteuerbeträge kann die Gemeinschaft beim Finanzamt geltend machen. Andererseits muss sie aber bei der Weiterverrechnung an die Eigentümer wieder Umsatzsteuer abliefern. Die Weiterverrechnung erfolgt einerseits

Muster einer Vorschreibung

Wohnungseigentum-Hausverwaltung GmbH, 1340 Wien, Blaugasse 13/20
Vorschreibung ab 1. Juli 2023 (gilt bis zum Erhalt einer neuen Vorschreibung)

An
Frau Musterfrau — Kundennummer: 123
Erlaufgasse 8/Top 3 — Rechnungsnummer: 15-346
1340 Wien — Anteil: 57 von 1040 Anteilen

Die Rechnungslegung erfolgt im Auftrag der Eigentümergemeinschaft.

Positionen	Betrag (€)	USt-%
Betriebskosten-Akonto	99,07	10,0
Heizkosten-Akonto	47,14	20,0
Rücklage Instandhaltung	44,17	0,0
Summe netto	190,38	
+ 10 % USt von 99,07	9,91	
+ 20 % USt von 47,14	9,43	
Vorschreibung monatlich gesamt	209,72	

Konto „Eigentümergemeinschaft 1340 Wien, Erlaufgasse 8"
IBAN: ATxx xxxx xxxx xxxx. Verwendungszweck: Ihre Kundennummer

mit den monatlichen Vorschreibungen und der Jahresabrechnung über die Bewirtschaftungskosten, andererseits mit der Jahresabrechnung über die Rücklage.

Das bedeutet, die monatlichen Vorschreibungen für Bewirtschaftungskosten werden gleich mit Umsatzsteuer vorgeschrieben, bei Wohnnutzung mit 10 Prozent Umsatzsteuer. Die Beiträge zur Rücklage hingegen werden ohne Umsatzsteuer eingehoben, da diese Zahlungen Ansparungen darstellen und deshalb nicht steuerbar (d.h. nicht zu versteuern) sind (= 0 Prozent USt).

Reparaturen und Erhaltungsaufwand werden in der Regel über die Rücklage abgewickelt. Da die Zuführung zur Rücklage umsatzsteuerfrei ist, wird bei Ausgaben, die über die Rücklage verrechnet werden, die sogenannte Aufwandsumsatzsteuer fällig. Diese Umsatzsteuer beträgt wiederum je nach Nutzung des Bestandes (Wohnungsnutzung oder gewerbliche Nutzung) 10 Prozent bzw. 20 Prozent.

Näheres zur Umsatzsteuerverrechnung finden Sie auf ► Seite 157 bei den „Abrechnungen".

Aus der Vorschreibung für ein Wohnungseigentumsobjekt ergibt sich auch die monatliche Summe der Vorschreibungen an alle Wohnungseigentümer. Dies natürlich nur, solange für alle Aufwendungen derselbe Verteilungsschlüssel angewendet wird.

Bei unserem Beispiel einer Vorschreibung wird ein einheitlicher Verteilungsschlüssel für alle Aufwendungen ausgewiesen, nämlich 57 von 1040 Anteilen; das ergibt als Prozentzahl 5,48 Prozent.

Vorschreibung	Top 3	Hochrechnung	gesamtes Haus
BK-Akonto	€ 99,07	: 57 x 1040 =	€ 1.807,59
Heiz-Akonto	€ 47,14	: 57 x 1040 =	€ 860,10
Rücklage	€ 44,17	: 57 x 1040 =	€ 805,91

Erläuterungen zur Vorschreibung

Die Vorschreibung der Verwaltung an die Wohnungseigentümer umfasst daher immer

- die Betriebskosten zuzüglich Umsatzsteuer, 10 Prozent bei Wohnnutzung;
- die Rücklage Instandhaltung ohne Umsatzsteuer; hier wird die Umsatzsteuer erst bei der Jahresabrechnung erfasst.

Daneben können noch Heizungs- und Warmwasserkosten zur Vorschreibung durch den Verwalter gelangen, wenn die Gemeinschaft die Wärme „liefert". Hier fällt wie bei den Betriebskosten schon bei der Vorschreibung laufend Umsatzsteuer, für die Heizung immer 20 Prozent, an. Bei Häusern, deren Errichtung zum Teil über Darlehen finanziert worden ist, werden auch die Annuitäten zur Bedienung dieser Errichtungsdarlehen oft über den Verwalter abgerechnet. Auf diesen Teil der Vorschreibung entfällt keine Umsatzsteuer, weil die Umsatzsteuer bereits im Kaufpreis enthalten war.

Die Fälligkeit und die Eintreibungspflicht des Verwalters

Die vorgeschriebenen Vorauszahlungen (Bewirtschaftungskosten und Rücklage) sind gem. § 32 Abs. 9 WEG am Fünften eines jeden Kalendermonats fällig. Sie sind daher von den Wohnungseigentümern im Voraus auf das für die Gemeinschaft eingerichtete Konto einzubezahlen. Durch einstimmige Vereinbarung, z.B. im Wohnungseigentumsvertrag, kann auch eine andere Fälligkeit festgesetzt werden.

Kommt es zu Zahlungsrückständen von Wohnungseigentümern, hat sie der Verwalter umgehend zu mahnen. Bleibt der Rückstand unberichtigt, ist der Verwalter verpflichtet, die Klage als Vertreter der Eigentümergemeinschaft binnen sechs Monaten einzubringen und die Anmerkung der Klage im Grundbuch zu beantragen. Die fristgerechte Klagsführung ist wegen des Vorzugspfandrechtes besonders wichtig. Die Sechsmonatsfrist beginnt immer mit der Fälligkeit der Forderung zu laufen. Bei Vorliegen einer Eigentümerpartnerschaft muss der Verwalter gegen beide Eigentümerpartner vorgehen. Es ist dem Verwalter nicht erlaubt, einzelnen Wohnungseigentümern Zahlungserleichterungen wie Stundung oder Ratenzahlung einzuräumen, insbesondere dann, wenn damit die Aktivierung des Vorzugspfandrechtes gefährdet wird (5 Ob 110/08z).

Rückstände sind binnen sechs Monaten einzuklagen

Haftung und Vorzugspfandrecht

Eine Sonderregelung sieht das WEG für den Fall vor, dass die vorhandene Rücklage für die Bedeckung der bereits fälligen Aufwendungen nicht ausreicht. Kommt die Eigentümergemeinschaft ihrer Pflicht zur Bezahlung bestehender Schulden nicht nach, so kann der Berechtigte, z.B. ein Handwerker, die Gemeinschaft auf Bezahlung klagen und erwirbt mit dem Urteil einen Exekutionstitel. Dieser Exekutionstitel kann in die vorhandene Rücklage und in die laufenden Vorauszahlungen für Aufwendungen vollstreckt werden. Das bedeutet, dass der Verwalter die bei ihm erliegenden Beträge herausgeben muss.

Reichen diese Beträge zur Schuldentilgung nicht aus, so haften die einzelnen Wohnungseigentümer für den offenen Restbetrag im Verhältnis ihrer Eigentumsanteile. Damit wird für den nicht gedeckten Teil der Schulden eine anteilige Ausfallshaftung normiert (§ 18 Abs. 4 WEG).

Für Sie als Wohnungseigentümer ist es besonders wichtig, dass auch alle anderen Wohnungseigentümer ihre Vorauszahlungen fristgerecht leisten. Andernfalls kann es passieren, dass zu wenig Geld in der Rücklage vorhanden ist und Sie aufgrund der Ausfallshaftung in Anspruch genommen werden. Für die Geltendmachung von Rückständen ist der Verwalter als Vertreter der Eigentümergemeinschaft verantwortlich.

Um das Risiko für die anderen Wohnungseigentümer bei Zahlungsausfällen eines einzelnen Wohnungseigentümers zu minimieren, wurde ein gesetzliches Vorzugspfandrecht (§ 27 WEG) an jedem Miteigentumsanteil geschaffen. Damit werden Forderungen der Eigentümergemeinschaft gegen den säumigen Wohnungseigentümer abgesichert. Ebenso Rückgriffsforderungen eines anderen Wohnungseigentümers, der einstweilen für die Zahlungen des Säumigen aufgekommen ist.

Vom Vorzugspfandrecht erfasst sind nur solche Forderungen der Gemeinschaft gegen den einzelnen Wohnungseigentümer, die sich aus der Verwaltung der Liegenschaft ergeben. Infrage kommen daher ausständige monatliche Vorauszahlungen (Bewirtschaftungskosten und Rücklage) und Nachzahlungen aufgrund der Abrechnungen. Nicht dazu gehören z.B. Rückstände bei der Rückzahlung des Darlehens, das für die Hauserrichtung aufgenommen worden ist.

Beispiel

Die Baufirma hat nach Abschluss der aufgetragenen Arbeiten Rechnung über 120.000 € gelegt. In der Rücklage sind nur 90.000 € vorhanden. Damit die Baufirma zu ihrem Geld kommt, muss sie zunächst die Eigentümergemeinschaft klagen und ihre Forderung gegen die Rücklage im Exekutionsweg geltend machen. Reicht die Rücklage zur Begleichung der Schuld nicht aus, so haften die Wohnungseigentümer entsprechend ihren Anteilen für den noch offenen Restbetrag, hier sind es 30.000 €. Dies wird als subsidiäre Ausfallshaftung bezeichnet. Beträgt der Anteil eines Wohnungseigentümers laut Grundbuch beispielsweise 5 Prozent, so haftet er für 1.500 € (5 Prozent von 30.000 €). Leistet er trotz Aufforderung keine Zahlung, so muss die Baufirma gegen ihn mit gesonderter Klage vorgehen.

Neben der Eigentümergemeinschaft als Gläubiger kann auch ein einzelner Wohnungseigentümer Vorzugspfandgläubiger aufgrund seiner Regressforderungen sein; hier sind drei Fälle zu unterscheiden:

- Der Berechtigte wurde von einem Dritten nach (erfolgloser) Exekutionsführung gegen die Eigentümergemeinschaft aufgrund der Ausfallshaftung (§ 18 Abs. 4 WEG) überproportional in Anspruch genommen. **Beispiel:** Er wird aufgrund der Ausfallshaftung in Anspruch genommen und ist in Summe mit einem höheren Betrag belastet, als es seinem Miteigentumsanteil entspricht.
- Der Berechtigte hat für den säumigen Wohnungseigentümer zunächst („freiwillig") dessen offene Vorauszahlung übernommen. Beispiel: Er hat die Vorauszahlungen für sechs Monate geleistet, damit die Gemeinschaft ihre Schulden bezahlen kann und nicht neuerlich Prozesskosten anfallen.
- Der Berechtigte musste eine Forderung zunächst alleine begleichen, für die er mit den anderen Wohnungseigentümern zur ungeteilten Hand haftet. Derartige Solidarhaftungen bestehen insbesondere bei öffentlich-rechtlichen Forderungen (Grundbesitzabgaben). Beispiel: Die gesamten Wassergebühren der Liegenschaft wurden von der Gemeinde nur einem Wohnungseigentümer vorgeschrieben, der sie zunächst beglichen hat. Jetzt hat er einen Anspruch gegen die anderen Wohnungseigentümer auf Ersatz des seinen Anteil übersteigenden Betrages.

Vorrang gegenüber anderen Pfandrechten

Dieses Vorzugspfandrecht ist jedoch beschränkt: Es kommt dem Forderungsberechtigten nur dann zu, wenn er die Forderung samt dem Pfandrecht binnen sechs Monaten ab Fälligkeit(!) klagsweise geltend macht und die Anmerkung der Klage im Grundbuch beantragt hat.

Vorzugspfandrecht bedeutet, dass die Forderung jedenfalls vorrangig vor anderen Pfandrechten zu erfüllen ist. Findet die Forderung in der Verteilungsmasse keine Deckung, muss der Ersteher (jene Person, welche die belastete Wohnung ersteigert) den noch offenen Betrag zusätzlich begleichen.

Die Anmerkung der Klage im Grundbuch erfolgt beim Miteigentumsanteil des beklagten Wohnungseigentümers im C-Blatt. Es wird kein kon-

Beispiel

Herr A. ist Wohnungseigentümer eines kleinen Geschäftslokals, in dem er ein Geschäft betreibt. Die monatlichen Zahlungen an die Eigentümergemeinschaft betragen 330 € (Bewirtschaftungskosten und Rücklage). Im Jänner 2023 wird er krank und muss sein Geschäft vorübergehend schließen. Er kommt in finanzielle Schwierigkeiten und bleibt die Zahlungen für drei Monate (Februar bis April 2023) schuldig, gesamt 990 €. Nach der Mahnung durch den Verwalter U. schlägt Herr A. vor, die drei offenen Beträge binnen Jahresfrist zu bezahlen, wenn es ihm wirtschaftlich wieder besser gehen wird.

Variante A. Vertraut der Verwalter Herrn A. und bringt keine Klage ein, um ihm weitere Prozesskosten zu ersparen, handelt er jedenfalls pflichtwidrig. Verkauft Herr A. z.B. sein Geschäftslokal im Dezember 2023, ohne die Rückstände beglichen zu haben und sind sie auch sonst nicht einbringlich, wird der Verwalter die 990 € aus eigener Tasche bezahlen müssen. Macht er dies nicht freiwillig, muss die Eigentümergemeinschaft gegen den Verwalter gerichtlich vorgehen.

Variante B. Der Verwalter kennt Herrn A. zwar als ehrlichen Menschen, will aber kein persönliches Risiko eingehen. Er bringt jeweils nach Ablauf der Mahnfrist im Namen der Eigentümergemeinschaft eine Klage auf den offenen Betrag ein und beantragt die Anmerkung der Klage im Grundbuch am Miteigentumsanteil des Herrn A. Die drei Klagen erwachsen in Rechtskraft.
Im Dezember 2023 meldet sich Herr A beim Verwalter. Er gibt ihm bekannt, dass er sein Objekt verkaufen möchte und der Kaufinteressent keine Schulden übernehmen, sondern nur lastenfrei kaufen will. Verwalter U. macht eine Zusammenstellung der Schulden zuzüglich Zinsen und Prozesskosten, die Summe beträgt 1.678 €. Gegen Zahlung dieses Betrages wird der Verwalter eine Bestätigung zur Löschung der Anmerkungen im Grundbuch ausstellen. Soll die Schuld aus dem Kaufschilling bezahlt werden, muss der Treuhänder die Abwicklung übernehmen.

kreter Betrag ausgewiesen, sondern nur der Umstand der Klagsführung und die Geschäftszahl angemerkt, z.B. „Klage gem. § 27 Abs. 2 WEG 2002 (7 C 763/14d BG Josefstadt)". Unterlässt der Verwalter die fristgerechte Klagsführung und Anmerkung im Grundbuch, handelt er jedenfalls pflichtwidrig. Für den Fall, dass durch sein Versäumnis einzelne Forderungen uneinbringlich werden, wird er der Gemeinschaft gegenüber schadenersatzpflichtig.

Die Vergabe von Aufträgen

Die Verwaltung ist jedenfalls nach den Grundsätzen der Sparsamkeit, Wirtschaftlichkeit und Zweckmäßigkeit auszuüben. Im Einzelfall wird es zwar immer wieder Streitigkeiten geben, ob die Auftragsvergabe an eine konkrete Firma jetzt zum „richtigen" Preis erfolgt ist; der bloße Umstand, dass es einen billigeren Handwerker für einen konkreten Auftrag gegeben hätte, wird – bei einer Auftragsvergabe an einen anderen Handwerker – aber noch keine Pflichtverletzung des Verwalters darstellen. Hier geht es eher um die Verhältnismäßigkeit. Eine Differenz unter 10 Prozent wird nicht weiter zu diskutieren sein; liegt der Preis eines Anbotes aber 25 Prozent über jenem anderer Anbieter, stellt sich sehr wohl die Frage der Sparsamkeit und Angemessenheit.

Neben dem Preis gibt es aber auch noch andere Kriterien, die im Geschäftsleben eine wichtige Rolle spielen. Dazu zählen jedenfalls die Verlässlichkeit und Pünktlichkeit einer Firma. Aber natürlich ist auch der finanzielle Status einer Fima zu beachten. Negative Bonitätsauskünfte über eine Firma wird der Verwalter bei einer Auftragsvergabe zu berücksichtigen haben. Je größer ein Auftrag, desto genauer wird der Verwalter die jeweiligen Umstände prüfen müssen.

Naheverhältnisse sind offenzulegen

Beabsichtigt der Verwalter, ein Geschäft mit einer Person (Firma) abzuschließen, mit der er in einem familiären oder wirtschaftlichen Naheverhältnis steht, trifft ihn eine besondere Hinweispflicht (§ 20 Abs. 4 1. Satz WEG). Er muss die Wohnungseigentümer zunächst auf dieses Naheverhältnis hinweisen. Dieser Hinweis soll so rechtzeitig erfolgen, dass sich die Wohnungseigentümer dazu besprechen, allenfalls Gegenanbote einholen und eventuell einen Mehrheitsbeschluss fassen können, mit welchem dem Verwalter der Abschluss des geplanten Geschäftes untersagt wird. Die Unterlassung der Offenlegung eines Naheverhältnisses stellt jedenfalls eine Pflichtverletzung des Verwalters dar.

Für Erhaltungsarbeiten, die über die laufende Instandhaltung hinausgehen, und für größere Verbesserungsarbeiten muss der Verwalter mindestens drei Anbote einholen (§ 20 Abs. 4 WEG 2. Satz). Erfasst werden hier Erhaltungsarbeiten, die in längeren als einjährigen Abständen wiederkehren, z.B. Fassadeninstandsetzung, Fenstertausch, Dachdeckung, Erneuerung der Steigleitungen etc. Es handelt sich nicht um eine „Kann-Bestimmung", sondern um eine „Muss-Bestimmung". Die Nichteinholung von drei Anboten stellt eindeutig eine Pflichtverletzung des Verwalters dar. Findet der Verwalter nicht genügend Anbieter für kostenfreie Anbote, wird er auch kostenpflichtige Anbote einholen müssen.

Für die Form der Anbote gibt es keine besonderen Vorschriften; die Rechtsprechung fordert nur, dass sie „vergleichbar" sein müssen. Das Erfordernis von Leistungsbeschreibungen müssen sie dagegen nicht erfüllen.

Vor größeren Reparaturen sind drei Anbote einzuholen

Die Wohnungseigentümer sollen ausreichend darüber informiert werden, welche (größeren) Erhaltungs- und Verbesserungsarbeiten vorgenommen werden (sollen) und was diese kosten. Dieser Zweck wird gewährleistet, wenn den Wohnungseigentümern Gelegenheit geboten wird, in (zumindest) drei Anbote Einsicht zu nehmen, die den veranschlagten Gesamtpreis nennen; darüber hinaus muss der Leistungsumfang zumindest so weit klargestellt sein, dass eine Vergleichbarkeit mehrerer Anbote gewährleistet ist (5 Ob 186/08a).

Eine Abstimmung der Wohnungseigentümer über die Anbote ist im Gesetz jedoch nicht vorgesehen. Es genügt, wenn den Wohnungseigentümern Gelegenheit zur Einsicht in die Unterlagen in der Verwaltungskanzlei gegeben wird. Spätestens bei Diskussionen über die Jahresabrechnung wird der Verwalter anhand der von ihm eingeholten Anbote beweisen müssen, dass er den Auftrag pflichtgemäß an den „Bestbieter" vergeben hat.

Im Regelfall wird der Verwalter eine „Befragung" der Wohnungseigentümer durchführen – im Sinne der Einholung einer „Stellungnahme" zu den vorliegenden Anboten. Zu beachten ist ja, dass für einen formellen Beschluss immer eine ausreichende Mehrheit der Eigentumsanteile gefunden werden muss. Beteiligen sich nur wenige Miteigentümer an der Durchsicht und Diskussion derartiger Anbote, wird nie ein Mehrheitsbeschluss zustande kommen. Für diesen Fall muss dann der Verwalter selbst über die Auftragsvergabe entscheiden.

Durch Vereinbarungen im Verwaltungsvertrag oder entsprechende Weisungen der Mehrheit kann der Verwalter verpflichtet werden, auch für andere, nicht so umfangreiche Arbeiten mehrere Kostenvoranschläge einzuholen bzw. Aufträge über einer betragsmäßig bestimmten Schwelle erst nach Rücksprache mit den Wohnungseigentümern zu vergeben (► Seite 74).

Die Rechnungsprüfung und Bezahlung der Rechnungen

Zu den Pflichten des Verwalters gehört natürlich auch die Überprüfung aller eingehenden Vorschreibungen und Rechnungen. Auch bei den Rechnungslegern können Fehler passieren, weshalb eine Kontrolle unerlässlich ist. Etwaige Missstände werden vielleicht erst aufgrund einer Rechnung erkannt.

Wurden die beauftragten Arbeiten durchgeführt, muss der Verwalter zunächst die fertiggestellte Arbeit kontrollieren. Erst danach kann er die Rechnung prüfen. Gibt es keinen Kostenvoranschlag oder kein Anbot, wird meist nach Stunden abgerechnet. Hier ist zu prüfen, ob die Anzahl der verrechneten (Partie-)Stunden und die Menge des verrechneten Materials korrekt ist. Meistens gibt es zu den Rechnungen handschriftlich geführte Regiescheine oder Arbeitsbestätigungen, wo die Monteure vor Ort das verwendete Material und die Arbeitszeit eintragen.

Gewähren Handwerker Skonti (Preisnachlass) für die rasche Bezahlung ihrer Rechnungen, so wird der Verwalter die Beträge zeitgerecht überweisen müssen, damit die Skonti ausgenützt werden können. Das setzt natürlich voraus, dass er genug Zeit für die Kontrolle hat und genügend Geld in der Rücklage vorhanden ist.

Beispiel

Die Wasserrechnung weist einen erheblichen Mehrverbrauch aus, der nicht durch Umbauarbeiten verursacht worden sein kann. Der Verwalter beauftragt daraufhin einen Installateur mit der Kontrolle aller Wasserentnahmestellen im Haus. Dabei werden ein defekter Spülkasten bei einem Klosett und zwei tropfende Wasserhähne festgestellt.

Abrechnung

Der Verwalter hat den Wohnungseigentümern eine ordentliche und richtige Abrechnung zu legen. Tabellarische Abrechnung und zugehörige Belegsammlung müssen immer als Einheit gesehen werden. Liegt nur eine dieser beiden Bestandteile vor, handelt es sich nicht um eine ordnungsgemäße Abrechnung. Die Verpflichtung des Verwalters zur Abrechnung ist in den Bestimmungen von § 20 WEG (materielle Richtigkeit) und § 34 WEG (detaillierte formelle Vorschriften) enthalten. Mit der Abrechnung legt der Verwalter auch ein „Zeugnis" über seine Tätigkeit für die Liegenschaft im vergangenen Kalenderjahr vor.

Die Abrechnung hat alle in einem Kalenderjahr für die Liegenschaft angefallenen Aufwendungen und Einnahmen zu enthalten. Sie ist binnen sechs Monaten nach Ablauf der Abrechnungsperiode zu legen. Im Regelfall ist das Kalenderjahr auch die Abrechnungsperiode, sodass hier die Abrechnung immer bis 30. Juni des Folgejahres zu legen ist.

Die Abrechnung ist zu übersenden

Zustellung und Belegeinsicht

Die schriftliche Abrechnung ist jedem Wohnungseigentümer bis 30. Juni des Folgejahres zuzustellen. Prinzipiell hat die Zustellung an die Adresse des Wohnungseigentumsobjektes, im Fall eines Abstellplatzes für Kraftfahrzeuge an eine vom Wohnungseigentümer angegebene inländische Anschrift zu erfolgen. Über Wunsch des Wohnungseigentümers hat der Verwalter die Zustellung an eine andere inländische Adresse oder anstelle dessen eine Übermittlung auf elektronischem Weg vorzunehmen (§ 24 Abs. 5 WEG).

Ein „Hausanschlag", wie für die anderen Zustellungen vorgeschrieben, ist für die Abrechnung nicht vorgesehen. Damit ist sichergestellt, dass Dritte (Besucher, Zusteller usw.), die beim „Schwarzen Brett" vorbeikommen, keine persönlichen Daten eines Wohnungseigentümers wie z.B. Zahlungsrückstände einsehen können. Die anderen Wohnungseigentümer der Gemeinschaft haben hingegen sehr wohl Anspruch auf Offenlegung allfälliger Rückstände Einzelner.

Für die Belegeinsicht ist nur vorgesehen, dass der Verwalter in geeigneter Weise Einsicht in die Belege zu gewähren hat. Einen Anspruch auf Übermittlung der Originalbelegmappe an den einzelnen Wohnungseigentümer zur Einsicht besteht nicht. Es genügt jedenfalls die Belegeinsicht in den Büroräumen des Verwalters, wenn diese nicht zu weit von der Wohnhausanlage entfernt sind. Häufig wird die Belegmappe aber auch bei einem Wohnungseigentümer, der sich dazu bereit erklärt, aufgelegt. Die Wohnungseigentümer müssen also entweder in die Büroräume des Verwalters oder zu ihrem Nachbarn gehen, um in die Belege Einsicht nehmen zu können.

Befindet sich die Liegenschaft weit vom Verwalter entfernt (z.B. Liegenschaft in Kapfenberg und Verwalter in Wien), wird das Anbot zur Belegeinsicht in den Büroräumlichkeiten des Verwalters keine geeignete Weise darstellen. Hier muss der Verwalter eine andere Lösung zur Belegeinsicht in zumutbarer Entfernung zur Liegenschaft finden – etwa Gewährung der Belegeinsicht in anderen Büroräumlichkeiten im Ort, z.B. denen eines anderen Immobilienverwalters oder eines Rechtsanwaltes.

Belege müssen nicht zugeschickt werden

Sind die Belege nur auf Datenträgern gespeichert, hat der Wohnungseigentümer trotzdem Anspruch auf Einsicht in die Belege. Der Verwalter muss also einen Ausdruck der Belege für die Belegeinsicht zur Verfügung stellen.

Davon zu unterscheiden ist der Anspruch jedes Wohnungseigentümers auf Anfertigung von Kopien bzw. Ausdrucke der Belege. Gegen Kostenersatz muss der Verwalter jedem Wohnungseigentümer die von ihm gewünschten Kopien übermitteln. Als angemessen wurden in einer Entscheidung 0,58 € je Seite angesehen (5 Ob 71/98x); das LGZ Wien hat 0,40 € je Seite als angemessen befunden (LGZ Wien 40 R 110/07h).

Was ist eine ordentliche und richtige Abrechnung?

Die Abrechnung – Bewirtschaftungskosten und Rücklagen – muss prinzipiell die gesamte Liegenschaft erfassen. Bei abweichenden Abrechnungseinheiten müssen entsprechend getrennte Abrechnungen erstellt werden. Aufwendungen, die nicht nur in einer Abrechnungseinheit verrechnet werden, müssen zunächst gesamt dargestellt und dann auf die verschiedenen Einheiten aufgeteilt werden (5 Ob 82/12p). Aber auch bei Einnahmen kann sich das Erfordernis der Aufteilung auf verschiedene Einheiten ergeben.

Beispiel

Die Einnahmen aus der Vermietung von Kfz-Abstellplätzen sollen teilweise für die Bewirtschaftungskosten des Hauses, teilweise für die gesonderte Abrechnungseinheit „Rücklage Instandhaltung Kfz-Abstellplätze" verwendet werden.

Befindet sich eine gemeinsam verwaltete Wohnhausanlage auf mehreren Liegenschaften, so muss der Verwalter trotzdem je Liegenschaft eine eigene Abrechnung erstellen (5 Ob 41/94). Gibt es gemeinsame Einrichtungen, z.B. eine Heizungsanlage für fünf Liegenschaften, müssen in den getrennten Abrechnungen die anteiligen Aufwendungen ausgewiesen werden. Der Anteil an den Aufwendungen ergibt sich aus dem Gesetz oder aus der vertraglichen Vereinbarung.

Ein an sich schlüssiges, rechnerisch richtiges, vollständiges und plausibles Zahlenwerk alleine ist noch nicht ausreichend für eine richtige Rechnungslegung (5 Ob 119/09z). Vielmehr muss die Abrechnung den gesetzlichen und vertraglichen Grundlagen des Rechtsverhältnisses zwischen Verwalter und Wohnungseigentümern entsprechen. Die in der Abrechnung enthaltenen Aufwendungen müssen Ausgaben für die Liegenschaft darstellen. Zu unterscheiden sind Aufwände, die von der Eigentümergemeinschaft oder von einzelnen Wohnungseigentümern zu tragen sind (5 Ob 160/04x).

Es sind alle die Liegenschaft betreffenden Geldflüsse (Aufwendungen und Erträgnisse) detailliert und aufgeschlüsselt in der Abrechnung auszuweisen.

Das Wohnungseigentumsgesetz enthält keine Vorschriften, wie die Abrechnungen genau gegliedert werden sollen. Dafür gibt es eine sehr umfangreiche, allerdings einzelfallbezogene Judikatur zu diesem Thema.

Aus der Rechtsprechung lassen sich Grundsätze für eine ordnungsgemäße Abrechnung ableiten (siehe Kasten ► Seite 151).

Die Abrechnung hat also in Form einer übersichtlichen, für einen durchschnittlich verständigen Wohnungseigentümer des Hauses nachvollziehbaren Aufstellung der Einnahmen und Ausgaben zu erfolgen.

Nach überwiegender Rechtsprechung müssen die Vorschreibungen an die Wohnungseigentümer betragsmäßig nicht einzeln ausgewiesen werden, hier genügt die Ausweisung der Monatssummen an Voraus-

Grundsätze für eine ordnungsgemäße Abrechnung

„Die Rechnungslegung soll den Berechtigten ausreichende Grundlagen liefern, die pflichtgemäße Erfüllung der mit der Verwaltung des gemeinsamen Eigentums verbundenen Aufgaben anhand der verzeichneten Einnahmen und Ausgaben unter Heranziehung der dazugehörigen Belege nach den Gesichtspunkten der Rechtmäßigkeit, Wirtschaftlichkeit und Zweckmäßigkeit zu überprüfen. Damit dieser Zweck erreicht werden kann, ist es erforderlich, dass die Einnahme- und Ausgabeposten möglichst detailliert angegeben und aufgeschlüsselt werden und konkret ausgewiesen wird, wofür und an wen Zahlungen geleistet wurden und von wem und wofür Geld eingenommen wurde; die einzelnen Rechtsgeschäfte müssen durch Anführung der Vertragspartner und der Leistungen individualisiert sein. Zur Ermöglichung der Kontrolle müssen die Belege bezeichnet sein, damit sie in der Belegsammlung, die entsprechend übersichtlich geführt werden muss, leicht auffindbar sind. So sind insbesondere die Betriebskosten detailliert auszuweisen: Grundsteuer und andere öffentliche Abgaben, Kanalgebühren, Müllabfuhrkosten, Wasserbezugsgebühren, Hausbeleuchtung, Rauchfangkehrerkosten, Versicherungsprämien, Schädlings- und Rattenbekämpfungskosten, Hausbesorgerentgelt bzw. Hausreinigungskosten, Aufwendungen für Schwimmbad und Sauna, Spenden, Servicekosten (etwa für Personenaufzüge, Gemeinschaftsanlagen, Waschmaschinen, Wäschetrockner, Bügelmaschinen u.Ä.) sind einzeln unter Angabe der Belege auszuweisen; wenn es sich um mehrere kleinere Beträge für einzelne Sachposten handelt (z.B. Kleinreparaturen oder Kleinanschaffungen, wie etwa Glühbirnen, Sicherungen u.Ä.), genügt dann die Angabe der Gesamtsumme, wenn durch die Bezeichnung der Belege aus der übersichtlich geführten Belegsammlung ohne Schwierigkeiten die Grundlage dafür ermittelt werden kann. Von besonderer Wichtigkeit sind ferner die ziffernmäßige Ausweisung der Darlehenstilgung (Kapital und Zinsen) und der zum Stichtag noch aushaftenden Restdarlehensschuld, der Rücklage und ihrer Zinserträgnisse und der Verwaltungskosten (Honorar und Spesenersatz) sowie etwaiger Liegenschaftserträgnisse (Mietzinse, Benützungsentgelt u.Ä.). In welcher Form und Reihenfolge und nach welchen Ordnungsgesichtspunkten die Aufgliederung der Rechnung erfolgt, ist im Allgemeinen bedeutungslos, wenn nur die erforderliche leichte Übersichtlichkeit und Klarheit gewahrt ist. Abkürzungen – dies ist besonders bei der Verwendung von EDV-Anlagen zur Erstellung der Abrechnung wichtig – müssen derart sein, dass sie für den Wohnungseigentümer von durchschnittlicher Bildung und Intelligenz verständlich sind; allenfalls ist eine einmalige verständliche Erläuterung der Abrechnung zu geben, in der auf die Bedeutung der Abkürzungen hinzuweisen ist." (5 Ob 19/81, 5 Ob 12/85) zahlungen für Betriebskosten und Rücklagen, gegebenenfalls auch der Vorschreibungen für Darlehensannuitäten. Bestehen jedoch Rückstände einzelner Wohnungseigentümer, sind diese gesondert auszuweisen. Das ergibt sich einerseits aus dem Grundsatz, dass die Wohnungseigentümer für Rückstände anderer unter Umständen „einspringen" müssen. Überdies soll die Abrechnung Aufschluss über den Soll- und Ist-Zustand der finanziellen Lage der Eigentümergemeinschaft bzw. allfällige Haftungsrisiken der anderen geben (5 Ob 45/83). Die Bestimmungen des Datenschutzgesetzes stehen der Bekanntgabe von Rückständen einzelner Wohnungseigentümer jedenfalls nicht entgegen (5 Ob 77/87).

Rückstände sind auszuweisen

Gibt es auch andere Einnahmen (▶ Seite 169), die vereinbarungsgemäß in die Rücklage oder den Bewirtschaftungskostentopf fließen sollen, so müssen diese jedenfalls gesondert als Einnahmen erfasst werden – etwa Einnahmen aus der Vermietung von allgemeinen Hausteilen, z.B. Dach- oder Fassadenflächen (Werbezwecke, Handymasten), Kfz-Abstellplätzen im gemeinsamen Eigentum.

Aus der Rechtsprechung

„Eine ‚ordentliche' Abrechnung ist eine solche, die eine systematische, übersichtliche und einer Nachprüfung leicht zugängliche Gliederung der Einnahmen und Ausgaben enthält. Darüber hinaus muss die gelegte Abrechnung inhaltlich richtig sein. Die Überprüfung der inhaltlichen Richtigkeit beschränkt sich nicht auf die Kontrolle der Vollständigkeit und Richtigkeit der Zahlen und Belege; zu prüfen ist einerseits die Richtigkeit tatsächlich stattgefundener Geldflüsse und andererseits, ob Ausgaben beziehungsweise Einnahmen dem durch Gesetz und Vereinbarung definierten Auftrag einer ordentlichen Verwaltung entsprechen." (5 Ob 258/07p). „Zur Ermöglichung der Kontrolle müssen die Belege bezeichnet sein, sodass Querverweise das Auffinden und das Verständnis erleichtern. Dabei bilden Abrechnung und Belegsammlung eine Einheit. Die Belegeinsicht ist insofern ein unverzichtbarer Bestandteil der Rechnungslegung und dient der Überprüfung der Abrechnung. Das heißt, sie ist dazu da, Einnahmen und Ausgaben nachvollziehbar zu machen, damit dem Abrechnungsberechtigten erkennbar wird, wie Geldflüsse verlaufen und ob die Abrechnung den gesetzlichen und vertraglichen Grundlagen des Rechtsverhältnisses zwischen den Wohnungseigentümern und dem Hausverwalter entspricht." (5 Ob 88/12w)

Guthabenzinsen aus der Veranlagung der Rücklage (► Seite 133) und Refundierungen von Versicherungen nach Schadensfällen werden aber wohl jährlich anfallen und daher gesondert zu erfassen sein. Die Versicherungsleistungen sind jedenfalls den Kosten der Schadensbehebung gegenüberzustellen. Ob die Verrechnung über die Rücklage oder die laufende Bewirtschaftung erfolgt, ist gesetzlich nicht geregelt. Ist mit dem Verwalter diesbezüglich keine Vereinbarung getroffen worden, wird – nachdem es sich um Kosten von Erhaltungsarbeiten handelt – die Verrechnung in der Rücklage die sachgerechte Lösung sein.

Je umfangreicher eine Abrechnung ist, desto wichtiger wird die klare Gliederung der Aufwendungen in der tabellarischen Aufstellung und der Ausgabenbelege. Ein einfaches Auffinden wird durch die gleichartige Bezeichnung (Nummerierung) der Buchungszeilen in der Abrechnung und der Belege selbst erreicht. Dies natürlich unter der Voraussetzung, dass die Belege auch geordnet abgelegt sind.

Sonderfall Heiz- und Kältekostenabrechnungsgesetz

Sind auf der Liegenschaft gemeinschaftlich zu tragende Heiz- und Warmwasserkosten angefallen und ist das Heiz- und Kältekostenabrechnungsgesetz (HeizKG) anwendbar, dann trifft den Verwalter auch die Pflicht zur Rechnungslegung entsprechend den Bestimmungen des HeizKG. Inhaltlich richtet sich diese Abrechnungspflicht (gem. § 20 Abs. 3 WEG) allerdings nach den Regelungen des HeizKG. Diese Bestimmung bedeutet also die „Ausdehnung der nach dem HeizKG bestehenden Abrechnungspflicht auf den Verwalter" und „für diese Abrechnung sind dann die Standards des HeizKG einzuhalten" (5 Ob 74/06b). Um die sehr umfangreichen Verpflichtungen nach dem HeizKG zu erfüllen, kann sich der Verwalter bei der Abrechnung natürlich eines Gehilfen (z.B. Ablese- und Abrechnungsunternehmen) bedienen. Auf die Angemessenheit des dafür verrechneten Honorars wird gesondert zu achten sein. **Achtung:** Eine ordnungsgemäße Abrechnung nach dem HeizKG gilt als genehmigt, wenn der Wärmeabnehmer nicht binnen sechs Monaten nach Rechnungslegung schriftlich begründete Einwendungen erhebt (§ 24 HeizKG). Den Verwalter trifft aber keine Abrechnungsverpflichtung nach dem HeizKG, wenn die Wohnungseigentümer gesonderte Wärmelieferungsverträge mit einem Wärmeversorger (z.B. einem Fernwärmeunternehmen) haben. In diesem Fall muss das Unternehmen die Abrechnung legen.

Eine Abrechnung, die nur Summen für einzelne Ausgabengruppen (z.B. Müllabfuhr, Grundsteuer usw.) ausweist, obwohl die Vorschreibungen und Zahlungen vierteljährlich erfolgt sind, ist jedenfalls nie ordnungsgemäß. In diesem Fall kann jeder Wohnungseigentümer die Legung einer ordnungsgemäßen Abrechnung im wohnrechtlichen Außerstreitverfahren bei Gericht durchsetzen. (Näheres dazu ► Seite 58)

Die Abrechnung des Verwalters wird zumindest zwei Verrechnungskreise erfassen. Einmal die Rücklage, die über die Jahre geführt wird, aus der die Kosten von Erhaltungs-/(Verbesserungs-)arbeiten finanziert werden. Neben den Einnahmen und Ausgaben des vergangenen Kalen-

Laufende Bewirtschaftungskosten

Unter laufenden Bewirtschaftungskosten werden üblicherweise verrechnet (wenn die Gemeinschaft kein Kleinunternehmer ist, dann alles netto, also ohne die darin enthaltene Umsatzsteuer):

- Grundsteuer und andere öffentliche Abgaben
- Wasser- und Abwasser(Kanal-)gebühren
- Stromkosten für die Beleuchtung allgemeiner Hausteile
- Kosten der regelmäßigen Rauchfangkehrung
- Müllabfuhr und Schädlingsbekämpfung
- Versicherungsprämien
- Kosten für Hausreinigung und Schneeräumung bzw. Hausbesorgerkosten
- Kosten für Gartengeräte und ähnliche Gerätschaften
- Verwaltungskosten
- Betriebskosten und Wartungskosten von Gemeinschaftsanlagen (Aufzüge, Waschküchen, Schwimmbad, Sauna usw.)
- Betriebs- und Wartungskosten von zentralen Heizungsanlagen, soweit das Heizkostenabrechnungsgesetz nicht anwendbar ist (für diesen Fall sind die besonderen Bestimmungen des HeizKG anwendbar)
- sonstige Kosten der Bewirtschaftung (z.B. Kontospesen, Honorar des Steuerberaters, wenn die Umsatzsteuererklärungen von diesem erstellt werden)

Als **Einnahmen** sind die jeweiligen Vorschreibungen auszuweisen (Soll-Verrechnung). Bestehen Rückstände einzelner Wohnungseigentümer, so wird die Differenz vorläufig aus der Rücklage zu decken sein.

derjahres ist hier auch der Rücklagenstand zum 1. Jänner des Vorjahres zu erfassen. Dieser und der Saldo des Vorjahres ergeben den neuen Stand der Rücklage zum 31. Dezember des Vorjahres.

Die Abrechnung über die laufenden Bewirtschaftungskosten besteht aber nicht nur aus Einnahmen und Ausgaben und dem sich daraus ergebenden Jahressaldo, sondern es ist auch der Anteil jedes Wohnungseigentumsobjektes am Saldo der Abrechnung zu ermitteln. In diesem Verrechnungskreis ist der Saldo jährlich auszugleichen, sogenannte „Spitzenverrechnung". Dies unabhängig davon, ob es sich um ein Guthaben oder einen Fehlbetrag handelt.

Hier muss der Verwalter jetzt den jeweils richtigen – gesetzlichen oder vereinbarten – Verteilungsschlüssel anwenden, um die Anteile für die einzelnen Objekte korrekt zu ermitteln. Welche Verteilungsschlüssel infrage kommen können, haben wir auf ► Seite 166 erläutert. Gibt es abweichende Abrechnungseinheiten, dann ist dieser Verrechnungsschritt für jede Abrechnungseinheit getrennt vorzunehmen.

Ist die Eigentümergemeinschaft umsatzsteuerpflichtig, dann kommt als weitere Abrechnung jedenfalls jene über die Umsatzsteuerverrechnung dazu. Auf die dabei zu beachtenden besonderen Umstände wird auf den ► Seiten 138 und 139 eingegangen. Sind Sie Wohnungseigentümer einer Wohnung, dann sind die verrechneten Aufwendungen jeweils um die darin enthaltene Umsatzsteuer zu entlasten. Die Leistungen, die Ihnen die Eigentümergemeinschaft im Bereich der Bewirtschaftung und Erhaltung erbringt, sind dann mit 10 Prozent Umsatzsteuer zu belasten.

Erläuterung zur Abrechnung ► Seite 157ff

Hinweis: Es handelt sich aus Gründen der besseren Übersicht um eine einfache Abrechnung. Je größer eine Liegenschaft, desto umfangreicher wird auch die Abrechnung sein.

Die Stammdaten der Wohnung (57 von 1040 Anteilen) und die Höhe Vorschreibungen wurden aus dem „Muster einer Vorschreibung" auf ► Seite 139 entnommen.

Die Ausgaben werden je Beleg getrennt ausgewiesen, jeder Beleg hat eine gesonderte Bezeichnung. Alle Ausgaben werden netto (= ohne Umsatzsteuer) erfasst. In der nächsten Spalte werden die Anteile der Wohnung Top 3 an den einzelnen Ausgabengruppen ausgewiesen. (Hinweis: Dies ist ein zusätzlicher Service, gesetzlich nicht vorgeschrieben.)

Nur zur Erläuterung der Umsatzsteuerverrechnung wird in der rechten Spalte die auf die Ausgabenposten entfallende Umsatzsteuer ausgewiesen. Dabei handelt es sich um die „Vorsteuer", die der Verwalter zunächst bezahlt hat, dann aber vom Finanzamt über Antrag rückerstattet erhält.

Am Ende des dritten Blattes wird der betragsmäßige Anteil für die Wohnung Top 3 zunächst netto (1.188,84 € lfd. Vorschreibungen und 9 € anteiliger Abrechnungsbetrag) ausgewiesen.

Diese „Weiterverrechnung" von der Eigentümergemeinschaft an die einzelnen Wohnungseigentümer unterliegt der Umsatzsteuer. Da es sich hier um eine Wohnung handelt, beträgt der Umsatzsteuersatz 10 Prozent. Bei einem Büro oder Geschäft eines Unternehmens würde die Umsatzsteuer im Regelfall 20 Prozent betragen.

Bei unterschiedlichen Nutzungen auf einer Liegenschaft muss der Verwalter die Umsatzsteuer deshalb immer für jedes einzelne Wohnungseigentumsobjekt getrennt errechnen und ausweisen.

Die Summe der vorgeschriebenen Umsatzsteuer für alle Wohnungseigentumsobjekte muss der Verwalter ans Finanzamt abführen.

Muster einer Abrechnung über die Bewirtschaftungskosten

Wohnungseigentum-Hausverwaltung GmbH
1340 Wien, Blaugasse 3/20

Frau
Musterfrau
Erlaufgasse 8/Top 3
1340 Wien

Wien, 5. Juni 2023

Abrechnung über Bewirtschaftungskosten (ohne Heizung) 2022
Rechnungslegung erfolgt im Auftrag der Eigentümergemeinschaft

AUSGABEN				**Gesamthaus** Beträge netto (ohne USt)	**Anteil Top 3** Anteile 57 von 1040	Haus nur USt (Vorsteuer)
Beleuchtungskosten						
Beleg						
A 1	10.02.2022	Wien Energie	Stiegenhaus	– 43,72		– 8,74
A 2	12.05.2022	Wien Energie	Stiegenhaus	– 43,72		– 8,74
A 3	10.08.2022	Wien Energie	Stiegenhaus	– 43,72		– 8,74
A 4	10.11.2022	Wien Energie	Stiegenhaus	– 39,38		– 7,88
				– 170,54	– 9,35	
Grundsteuer						
B 1	16.02.2022	MA 6/Grundsteuer	1. Quartal 2022	– 103,85		0,00
B 2	16.05.2022	MA 6/Grundsteuer	2. Quartal 2022	– 103,85		0,00
B 3	17.08.2022	MA 6/Grundsteuer	3. Quartal 2022	– 103,85		0,00
B 4	16.11.2022	MA 6/Grundsteuer	4. Quartal 2022	– 103,85		0,00
				– 415,40	– 22,77	

Müllabfuhr						
C 1	16.02.2022	MA 6 – Müll	1. Quartal 2022	– 450,56		– 45,06
C 2	16.05.2022	MA 6 – Müll	2. Quartal 2022	– 450,56		– 45,06
C 3	17.08.2022	MA 6 – Müll	3. Quartal 2022	– 450,56		– 45,06
C 4	16.11.2022	MA 6 – Müll	4. Quartal 2022	– 450,56		– 45,06
				– 1.802,24	– 98,78	
Rauchfangkehrer						
D 1	23.01.2022	Weidlhofer	1. Quartal 2022	– 133,40		– 26,68
D 2	15.05.2022	Weidlhofer	2. Quartal 2022	– 133,40		– 26,68
D 3	25.07.2022	Weidlhofer	3. Quartal 2022	– 133,40		– 26,68
D 4	19.11.2022	Weidlhofer	4. Quartal 2022	– 133,40		– 26,68
				– 533,60	– 29,25	
Reinigungsdienst / Winterdienst						
E 1	10.02.2022	Asament Reinigungsdienst		– 480,00		– 96,00
E 2	10.04.2022	Asament Reinigungsdienst		– 480,00		– 96,00
E 3	10.06.2022	Asament Reinigungsdienst		– 480,00		– 96,00
E 4	10.08.2022	Asament Reinigungsdienst		– 480,00		– 96,00
E 5	25.09.2022	Maier, Winterdienst 2022/2023		– 1.915,00		– 383,00
E 6	11.10.2022	Asament Reinigungsdienst		– 480,00		– 96,00
E 7	12.12.2022	Asament Reinigungsdienst		– 480,00		– 96,00
				– 4.795,00	– 262,80	
Bündelversicherung						
F 1	03.01.2022	Gerali-Versich.	1. Quartal 2022	– 1.476,00		0,00
F 2	03.04.2022	Gerali-Versich.	2. Quartal 2022	– 1.476,00		0,00
F 3	04.07.2022	Gerali-Versich.	3. Quartal 2022	– 1.476,00		0,00
F 4	02.10.2022	Gerali-Versich.	4. Quartal 2022	– 1.476,00		0,00
				– 5.904,00	– 323,58	

Verwaltungskosten						
G 1	31.03.2022	Verwaltungskosten	1. Q. 22	– 872,30		– 174,46
G 2	30.06.2022	Verwaltungskosten	2. Q. 22	– 872,30		– 174,46
G 3	30.09.2022	Verwaltungskosten	3. Q. 22	– 872,30		– 174,46
G 4	31.12.2022	Verwaltungskosten	4. Q. 22	– 872,30		– 174,46
				– 3.489,20	– 191,24	
Wasser und Abwasser						
H1	17.01.2022	MA 6 – Wasser	1. Quartal 2022	– 947,82		– 94,78
H2	17.04.2022	MA 6 – Wasser	2. Quartal 2022	– 947,82		– 94,78
H3	17.07.2022	MA 6 – Wasser	3. Quartal 2022	– 1.537,89		– 153,79
H4	16.10.2022	MA 6 – Wasser	4. Quartal 2022	– 1.198,50		– 119,85
				– 4.632,03	– 253,87	
Kontospesen						
I 1	31.12.2022	I-Bank – Kontospesen 2022		– 113,25		
				– 113,25	– 6,21	
Summe Ausgaben				– 21.855,26	– 1.197,84	– 2.423,61
Vorschreibungen						
Monatlich je 1.807,59				21.691,08	1.188,84	
Saldo – Fehlbetrag 2022				– 164,18	– 9,00	

Ihr Anteil – Top 3 (W)	netto	10 % USt	brutto
Vorschreibungen	1.188,84	118,88	1.307,72
Abrechnungssaldo	9,00	0,90	9,90

Die Nachzahlung von 9,90 € brutto wird mit der August-Vorschreibung verrechnet.

Erläuterungen zur Abrechnung ► Seite 161f

Hinweis: Es handelt sich aus Gründen der besseren Übersicht um eine einfache Abrechnung. Je größer eine Liegenschaft, desto umfangreicher wird auch die Abrechnung sein.

Die Stammdaten der Wohnung (57 von 1040 Anteilen) und die Höhe Vorschreibungen wurden aus dem „Muster einer Vorschreibung" auf ► Seite 139 entnommen. Die Ausgaben werden je Beleg getrennt ausgewiesen, jeder Beleg hat eine gesonderte Bezeichnung. Alle Ausgaben werden netto (= ohne Umsatzsteuer) erfasst.

Nur zur Erläuterung der Umsatzsteuerverrechnung wird in der rechten Spalte die auf die Ausgabenposten entfallende Umsatzsteuer ausgewiesen. Dabei handelt es sich um die „Vorsteuer", die der Verwalter zunächst bezahlt hat, dann aber vom Finanzamt über Antrag rückerstattet erhält.

Erläuterung 1: Die Umsatzsteuer vom Aufwand wird häufig, aber nicht immer in der Abrechnung als Aufwand gebucht. Handelt es sich um ein reines Wohnhaus, so beträgt die Umsatzsteuer für alle Objekte einheitlich 10 Prozent vom Aufwand. Durch diese Verrechnung werden alle Wohnungseigentümer entsprechend ihren Anteilen gleich belastet.

Anders hingegen, wenn sich auch ein Büro oder das Geschäft eines Unternehmens im Gebäude befindet; dann würde die Umsatzsteuer für diese Objekte im Regelfall 20 Prozent betragen. Hier kann die Umsatzsteuer nicht als einheitlicher Aufwand verrechnet werden. Deshalb scheint sie in der Rücklagenabrechnung oft gar nicht auf, sondern ist gesondert abzurechnen.

Am Ende der Abrechnung wird der betragsmäßige Anteil am Aufwand für die Wohnung Top 3 netto (368,64 €) ausgewiesen. Die darauf entfallende Umsatzsteuer wird ebenfalls nur ausgewiesen.

Erläuterung 2: Da die Umsatzsteuer vom Aufwand bereits in der Jahresabrechnung berücksichtigt worden ist, wird sie der Wohnungseigentümerin nicht gesondert vorgeschrieben.

Bei unterschiedlicher Steuerbelastung müssen die Differenzen gesondert erfasst werden. In diesen Fällen wird oft eine getrennte Verrechnung vorgenommen und die Umsatzsteuer vom Aufwand den Wohnungseigentümern auch gesondert zur Zahlung vorgeschrieben. Die Gesamtsumme der Umsatzsteuer vom Aufwand muss der Verwalter ans Finanzamt abführen.

Muster einer Abrechnung über die Rücklage

Wohnungseigentum-Hausverwaltung GmbH
1340 Wien, Blaugasse 3/20

Frau
Musterfrau
Erlaufgasse 8/Top 3
1340 Wien

Wien, 5. Juni 2023

Abrechnung über die Rücklage 2022
Rechnungslegung erfolgt im Auftrag der Eigentümergemeinschaft

AUSGABEN			Beträge netto (ohne USt)	nur USt (Vorsteuer)
Erhaltungsarbeiten				
Beleg				
R 1	23.02.2022	Maler Huber, Stiegenhaus	– 2.650,00	– 530,00
R 2	02.06.2022	Installateur Maier, Ablaufgebrechen Keller	– 873,00	– 174,60
R 3	03.07.2022	Dachdecker Huber, Kontrolle + Ziegel ersetzen	– 1.863,00	– 372,60
R 4	05.07.2022	Elektriker Bauer, Stiegenhauslicht	– 653,00	– 130,60
R 5	18.07.2022	Baumeister Ernst, Hausflur Fliesenreparatur	– 687,00	– 137,40
Summe Instandhaltung			– 6.726,00	– 1.345,20

10 % Umsatzsteuer vom Aufwand ► Erläuterung 1	– 672,60
Summe Aufwand	– 7.398,60

EINNAHMEN	
Beiträge zur Rücklage	
Monatlich je 805,91	9670,92
Habenzinsen Konto Nr. XXXX	12,52
Summe Einnahmen	9.683,44

Saldo Abrechnung 2022	2.284,84
Stand 31.12.2021	8.567,13
Stand 31.12.2022	10.851,97

Wohnung Top 3

Ihr Anteil an den verrechneten Aufwendungen beträgt	– 368,64
(Berechnung: 57/1040 Anteile von € 6.726,00)	
Die 10%ige USt vom Rücklagenaufwand beträgt	– 36,86

Dieser Betrag wurde in der Abrechnung bereits als Aufwand verbucht (Berechnung: 57/1040 Anteile von € 672,60). Näheres zur Umsatzsteuer ► Erläuterung 2

Positionen der Abrechnung über Rücklagen

Ausgaben – wenn die Gemeinschaft kein Kleinunternehmer ist, dann alles netto (= ohne die darin enthaltene Umsatzsteuer):

- Kosten von Erhaltungs- und Verbesserungsarbeiten
- Kosten sonstiger Aufwendungen, sofern nicht unter Betriebskosten verrechnet
- im Regelfall auch die Umsatzsteuer vom Aufwand (Näheres ► Seite 137)
- die Annuitäten (Rückzahlungen) von Reparaturdarlehen, die die Eigentümergemeinschaft aufgenommen hat

Einnahmen – wenn die Gemeinschaft kein Kleinunternehmer ist, dann alles netto (= ohne Umsatzsteuer):

- die von den Wohnungseigentümern geleisteten laufenden Beiträge zur Rücklage
- die von einzelnen Wohnungseigentümern entrichteten Mehrbeträge aufgrund einer Stundung bei Großreparaturen
- die Habenzinsen für die angesparten Rücklagen
- Erträgnisse aus der Vermietung allgemeiner Teile (z.B. Werbeflächen, Kfz-Abstellplätze), wenn keine andere Vereinbarung besteht
- Versicherungsvergütungen
- Förderungszuschüsse für Sanierungsarbeiten (wenn nicht schon beim Aufwand mindernd berücksichtigt)

Folgen der Abrechnung über die Bewirtschaftungskosten

Diese Jahresabrechnung schließt mit einem Saldo, Überschuss oder Fehlbetrag, der für jede Abrechnungsperiode auszugleichen ist. Es kommt allerdings zu keiner Aufrollung für das vergangene Kalenderjahr, sondern es trifft jene Personen, die aktuell Wohnungseigentümer sind.

Wenn nichts anderes vereinbart oder beschlossen wird, ist ein sich aus der Abrechnung ergebender Überschuss zugunsten der Wohnungseigentümer auf deren künftige Vorauszahlungen für die Aufwendungen der Liegenschaft gutzuschreiben.

Beispiel: Die Abrechnung für 2022 wird Anfang Juni 2023 gelegt. Sie ergibt einen Überschuss zugunsten der Wohnungseigentümer. Die Vorauszahlung für Juli 2023 (allenfalls August 2023) ist vom Verwalter für die aktuellen Wohnungseigentümer entsprechend zu vermindern.

Ergibt sich aus der Abrechnung ein Fehlbetrag zulasten der Wohnungseigentümer, so ist der Betrag binnen zwei Monaten ab Rechnungslegung nachzuzahlen. Verpflichtet sind diejenigen, die zum Fälligkeitszeitpunkt aktuell Wohnungseigentümer sind.

Wer aktuell Wohnungseigentümer ist, richtet sich immer nach dem Grundbuchstand! Es kann also passieren, dass Wohnungseigentümer, die erst im laufenden Jahr gekauft haben, im August des Jahres mit einer Gutschrift oder einer Nachzahlung für das vergangene Kalenderjahr konfrontiert werden (siehe Kasten „Tipp").

Tipp

Wollen Sie oben genanntes Risiko ausschließen, so können Sie nur im Kaufvertrag eine diesbezügliche interne Regelung mit dem Verkäufer treffen. Anstelle eines einheitlichen Verrechnungsstichtages können Sie vereinbaren, dass ausschließlich der Verkäufer die Folgen der Abrechnung des Vorjahres tragen soll. Hält sich der Verkäufer nicht an die Vereinbarung, müssen zunächst trotzdem Sie die Nachzahlung leisten. Der Verwalter muss nämlich immer nach dem Grundbuchstand vorgehen und müsste bei Nichtzahlung gegen Sie mit Klage und Klagsanmerkung vorgehen.

Nicht gelegte Abrechnung

Über das Gericht kann die Rechnungslegung erzwungen werden

Wird die Abrechnung nicht gehörig gelegt, ist also gar keine Abrechnung oder keine ausreichend detaillierte übersichtliche Abrechnung zugeschickt worden, so ist der Verwalter über Antrag auch nur eines Wohnungseigentümers vom Gericht unter Androhung einer Geldstrafe bis zu 6.000 € dazu zu verhalten. Wird dem gerichtlichen Auftrag nicht entsprochen, kann die Geldstrafe auch wiederholt verhängt werden.

Dasselbe gilt, wenn der Verwalter die Belegeinsicht nicht gewährt oder trotz Aufforderung keine Kopien gegen Kostenersatz anfertigt. Auch hier kann jeder Wohnungseigentümer einen entsprechenden Antrag beim Bezirksgericht im wohnrechtlichen Außerstreitverfahren einbringen.

Während des Verfahrens zur Legung der (verbesserten) Abrechnung hat der Verwalter die Möglichkeit, dem Gerichtsauftrag durch Verbesserungen, auch durch wiederholte, nachzukommen. Unabhängig davon stellt die Nichtlegung der Abrechnung jedenfalls eine grobe Pflichtverletzung des Verwalters dar.

Der Anspruch der Wohnungseigentümer auf Rechnungslegung verjährt drei Jahre ab dem Ende der Abrechnungsfrist, im Regelfall daher am 30. Juni des viertfolgenden Kalenderjahres. Für 2022 endet die Abrechnungsfrist zunächst am 30. Juni 2023, der Rechnungslegungsanspruch verjährt mit 30. Juni 2026.

Überprüfung der Abrechnung

Hat der Verwalter zwar die Abrechnung gelegt, bestehen aber Zweifel an der inhaltlichen Richtigkeit, so steht jedem Wohnungseigentümer die Möglichkeit offen, bei Gericht eine Überprüfung der Abrechnung im wohnrechtlichen Außerstreitverfahren zu beantragen.

Hinweis: Bei Rechnungslegung nach dem Heiz- und Kältekostenabrechnungsgesetz gelten für die Überprüfung der Abrechnung die dort genannten besonderen Bestimmungen.

Der Richter kann nicht von sich aus eine komplette Abrechnung auf ihre Richtigkeit prüfen, wenn er keinerlei Anhaltspunkte für Unstimmigkeiten hat. Der antragstellende Wohnungseigentümer muss daher zunächst bekannt geben, welche Positionen seines Erachtens nach zu

Aus der Entscheidung 5 Ob 274/08w

„Ein Wohnungseigentümer, der ein Verfahren zur Überprüfung einer Verwaltungsabrechnung einleitet, hat die Mängel der Abrechnung konkret zu nennen. Macht ein Wohnungseigentümer die Unwirtschaftlichkeit einer Anschaffung geltend, hat er im Rahmen seiner Behauptungspflicht auch die Gründe für diesen Vorwurf darzutun. Die bloße Behauptung, eine Ausgabe sei unwirtschaftlich gewesen, führt zu keiner amtswegigen Überprüfungspflicht über die Preisangemessenheit von Anschaffungen des Hausverwalters im Rahmen der ordentlichen Verwaltung." (Im konkreten Fall hätte die Antragstellerin durch Vorlage von Vergleichspreisen nachzuweisen gehabt, dass trotz Dringlichkeit der Anschaffung eine erheblich günstigere Beschaffung eines Geräts derselben Qualität in kürzestem Zeitraum möglich gewesen wäre.)

Unrecht verrechnet wurden oder überhöht sind. Liegt die Abrechnung vor und besteht der Mangel der Abrechnung nur in einer inhaltlichen Unrichtigkeit, so hat sich die gerichtliche Entscheidung auf die Feststellung der Unrichtigkeit sowie des sich aus der Richtigstellung ergebenden Überschuss- oder Fehlbetrages zu beschränken. Es handelt sich dabei um einen Feststellungssachbeschluss, nicht um einen Leistungsbefehl (5 Ob 165/10s).

Aufteilung der Aufwendungen (§ 32 WEG)

Das WEG differenziert nicht zwischen verschiedenen liegenschaftsbezogenen Aufwendungen. Ob Betriebskosten i.S. des MRG, Kosten von Erhaltungsarbeiten oder sonstige Kosten, alle diese Kosten stellen Aufwendungen dar!

Üblicherweise trennt jedoch der Verwalter die laufenden Bewirtschaftungskosten von der Rücklage, aus der die Kosten für Erhaltungs- und Verbesserungsarbeiten gedeckt werden. Es gibt daher zumindest zwei Verrechnungskreise, über die auch gesondert abzurechnen ist.

Im Rahmen des Verwaltungsvertrages kann diese oder auch eine andere Verrechnungsweise näher konkretisiert werden. Änderungen des Verteilungsschlüssels bedürfen jedoch immer der Zustimmung aller Wohnungseigentümer.

In § 32 WEG werden folgende Aufteilungsmaterien geregelt:

- Verteilungsschlüssel allgemein
- Abrechnungseinheit gesondert
- Abstimmungseinheit nur in Verbindung mit einer Abrechungseinheit
- Aufteilung verbrauchsabhängiger Abgaben
- Aufteilung der Energiekosten bei Gemeinschaftsanlagen

Verteilungsschlüssel allgemein (§ 32 Abs. 1 WEG)

Normalfall. Alle Aufwendungen sind nach dem Verhältnis der Miteigentumsanteile zum Ende der Abrechnungsperiode zu tragen (Nutzwertschlüssel).

Kommt es zu Änderungen bei den Nutzwerten durch Umbauten, Dachgeschoßausbauten usw., sollte daher mitberücksichtigt werden, ab wann die solcherart vergrößerten oder neu geschaffenen Objekte zu den Aufwendungen beitragen sollen. Achten Sie darauf, dass in den Verträgen und Zustimmungserklärungen zu diesen Maßnahmen auch klare Regeln für die Kostenbeteiligung am Haus getroffen werden.

Sonderfall Altmieter. Unter Altmietern werden hier Personen verstanden, deren Hauptmietverhältnis noch vor der Wohnungseigentumsbegründung begründet worden ist. Solange noch ein Altmietverhältnis (Mietrechtsgesetz/MRG oder Wohnungsgemeinnützigkeitsgesetz/WGG) aufrecht ist, sind die Bewirtschaftungskosten nach dem vor Wohnungseigentumsbegründung geltenden Schlüssel (in der Regel Nutzflächenschlüssel) aufzuteilen. Für alle anderen Kosten gilt der „Normalfall".

Die Nutzflächendefinition des § 17 MRG bezieht sich ausschließlich auf die Bodenfläche sämtlicher Mietgegenstände, die Raumhöhen bleiben unberücksichtigt. Änderungen der Gesamtnutzfläche des Hauses durch neue Objekte bzw. vergrößerte Objekte ändern den Nutzflächenschlüssel sofort, also ab Benützung bzw. ab Fertigstellung. Nutzflächenveränderungen im Inneren eines Objektes (z.B. durch Einbau einer begehbaren

Galerie) bleiben dagegen auf Bestandsdauer unberücksichtigt. Sie wirken erst ab Neuvermietung. Ob dasselbe beim Verkauf einer Eigentumswohnung gelten soll, ist bisher noch nicht entschieden worden.

Vereinbarung eines abweichenden Verteilungsschlüssels (§ 32 Abs. 2 WEG)

Abweichende Verteilungsschlüssel: Einstimmigkeit

Alle Wohnungseigentümer können in einer schriftlichen Vereinbarung – Einstimmigkeit! – einen abweichenden Aufteilungsschlüssel festlegen. Dies kann für alle Aufwendungen oder nur für einen Teil derselben vereinbart werden. In den meisten Fällen wird eine derartige Vereinbarung (zulässigerweise) bereits im Wohnungseigentumsvertrag aufgenommen.

Häufig betrifft eine derartige Vereinbarung die Kostentragung von Erhaltungsarbeiten an den Außenfenstern und der Eingangstür eines Wohnungseigentumsobjektes. Mit der Vereinbarung wird der jeweils betroffene Wohnungseigentümer zur Kostentragung verpflichtet.

Oft wird auch der Nutzflächenschlüssel für die Bewirtschaftungskosten auf Dauer vereinbart. Oder es wird die Verrechnung nach dem Nutzflächenschlüssel für alle Aufwendungen vereinbart.

Vereinbarung einer abweichenden Abrechnungseinheit (§ 32 Abs. 2 WEG)

Auch die eigene Abrechnungseinheit bedarf der schriftlichen Vereinbarung aller Wohnungseigentümer; diese gilt aber erst ab der nachfolgenden Abrechnungsperiode (keine Rückwirkung). Auch diese Vereinbarung wird im Regelfall bereits im Wohnungseigentumsvertrag vorgesehen. Parallel dazu kann – muss aber nicht – eine eigene Abstimmungseinheit geschaffen werden. Dies bedeutet, nur die Mitglieder der abweichenden Abrechnungseinheit fassen auch die Beschlüsse zu diesem Verrechnungskreis. Abweichende Abrechnungseinheiten werden im Regelfall

- für technische Einrichtungen, die gesondert abgerechnet werden (z.B. Schwimmbad, Sauna, Waschküche), oder
- für Liegenschaftsteile mit unterschiedlichem Erhaltungsbedarf geschaffen. Dies betrifft beispielweise die Anlage der Kfz-Abstell-

plätze im Freien und die Gebäude; die Stapelparkeranlage oder das mehrgeschoßige Wohnhaus neben zehn Reihenhäusern auf derselben Liegenschaft.

Abweichender Verteilungsschlüssel vom Gericht festgesetzt (§ 32 Abs. 5 und 6)

Über Antrag eines Wohnungseigentümers kann das Gericht nach billigem Ermessen einen abweichenden Verteilungsschlüssel festsetzen, wenn seit einer Vereinbarung eine wesentliche Änderung der Nutzungsmöglichkeiten eingetreten ist oder erheblich unterschiedliche Nutzungsmöglichkeiten bestehen (ohne vorherige Vereinbarung).

Es stellt also nicht auf die tatsächliche Nutzung, sondern auf die objektiv „vernünftige" Nutzungsmöglichkeit ab. Hauptanwendungsfall sind die Aufzugskosten: Soll das Wohnungseigentumsobjekt im Erdgeschoß an den Aufzugskosten gar nicht oder nur in verminderter Form mitzahlen?

Das Gericht kann über Antrag auch eine von der Liegenschaft abweichende Abrechnungseinheit festsetzen, wenn mehr als 50 Wohnungseigentumsobjekte oder eine gesondert abzurechnende Anlage (z.B. Waschküche, Aufzug, gemeinsame Heizungsanlage) vorhanden sind.

Sämtliche dieser „Abweichungen", egal ob einstimmig vereinbart oder vom Gericht festgesetzt, binden die Rechtsnachfolger im Eigentum auch dann, wenn die „Abweichung" nicht im Grundbuch eingetragen ist.

Verbrauchsabhängige Aufteilung von Aufwendungen (§ 32 Abs. 3 WEG)

Sind Aufwendungen verbrauchsabhängig und können die Anteile eines Objektes am Gesamtverbrauch mit wirtschaftlich vernünftigem Kostenaufwand durch Messvorrichtungen ermittelt werden, dann kann durch Vereinbarung (Beschluss) von mindestens zwei Drittel der Anteile eine verbrauchsabhängige Aufteilung beschlossen werden.

Hinweis: Nicht zulässig im Geltungsbereich des Heiz- und Kältekostenabrechnungsgesetzes!

Praktische Anwendungsmöglichkeit: Verrechnung von Kaltwasser oder von Heiz- und Warmwasserkosten außerhalb des Anwendungsbereichs des Heiz- und Kältekostenabrechnungsgesetzes.

Wurde ein derartiger Beschluss gefasst, müssen alle Wohnungseigentümer die Erfassung der Verbrauchsanteile in ihren Objekten dulden. Eine Schätzung – für den nicht gemessenen Verbrauch – darf für maximal 20 Prozent der Nutzfläche erfolgen.

Einhebung von Energiekosten bei Gemeinschaftsanlagen (§ 32 Abs. 4 WEG)

Sonderregelung: Nur durch Vereinbarung (Beschluss) der einfachen Mehrheit der Anteile kann festgelegt werden, dass die Energiekosten (und nur diese) von Gemeinschaftsanlagen in pauschalierter Form (z.B. Waschmarken) von den Benützern eingehoben werden. Die Einnahmen sind in der Jahresabrechnung als solche auszuweisen.

Verteilung der Erträgnisse (§ 33 WEG)

Auch der Ertrag ist aufzuteilen

Es geht hier nicht um die Erträgnisse der einzelnen Wohnungseigentumsobjekte, sondern ausschließlich um Erträgnisse aus den allgemeinen Teilen der Liegenschaft. Diese Erträgnisse stehen allen Wohnungseigentümern nach dem Verhältnis ihrer Anteile zu.

Sonderfall: Eine abweichende schriftliche Vereinbarung ist nur dann zulässig, wenn eine Einrichtung/Anlage des allgemeinen Teils der Liegenschaft nicht von allen finanziert worden ist (abweichender Verteilungsschlüssel). Dann soll auch für die Verteilung der Erträgnisse dieser abweichende Schlüssel gelten.

Beispiele für mögliche Erträgnisse aus allgemeinen Teilen: Einnahmen aus der Vermietung von Fassadenflächen für Werbezwecke, für die Erlaubnis zur Anbringung von Handymasten am Dach, aber auch Einnahmen aus der Vermietung von Kfz-Abstellplätzen, von Kellerräumlichkeiten usw., sofern sie im gemeinsamen Eigentum stehen.

In der Praxis werden die Erträgnisse, die allen Wohnungseigentümern zukommen, nicht ausbezahlt, sondern fließen je nach Vereinbarung in den Verrechnungskreis Bewirtschaftungskosten oder Rücklage. Da alle Wohnungseigentümer entsprechend ihren Anteilen in beide „Töpfe" Zahlungen leisten, vermindern die (anteiligen) Erträgnisse ihre jeweiligen Zahlungspflichten.

Differenzen können nur dort entstehen, wo die Kostenanteile nicht nach Nutzwerten, sondern nach Nutzfläche verrechnet werden; ebenso bei gesonderten Abrechnungseinheiten. Kommt keine Einigung zustande, wird der Verwalter die Erträgnisse an die einzelnen Wohnungseigentümer auszahlen müssen. Im Gegenzug erhöhen sich die Zahlungsverpflichtungen der Wohnungseigentümer.

Bei diesen Erträgnissen handelt es sich um steuerpflichtiges Einkommen – Einkünfte aus Vermietung.

Beendigung des Verwaltungsvertrages

Ein Verwaltungsvertrag endet durch Kündigung oder durch Zeitablauf. Bei groben Pflichtverstößen des Verwalters kommt auch eine Vertragsbeendigung ohne Einhaltung von Terminen und Fristen in Betracht.

Kündigung des Verwaltungsvertrages

Es ist zwischen der ordentlichen Kündigung und der außerordentlichen Kündigung zu unterscheiden. Für die ordentliche Kündigung ist kein Kündigungsgrund erforderlich, es sind aber Fristen und Termine einzuhalten. Die außerordentliche Kündigung kann mit sofortiger Wirkung erfolgen, ist aber nur bei Vorliegen eines wichtigen Grundes rechtmäßig. Die (ordentliche und außerordentliche) Kündigung des Verwaltervertrages steht sowohl der Eigentümergemeinschaft als auch dem Verwalter zu.

Die (ordentliche und außerordentliche Kündigung des Verwalters durch die Eigentümergemeinschaft ist eine Maßnahme der ordentlichen Verwaltung (5 Ob 144/19s). Sie setzt daher immer einen Beschluss der Wohnungseigentümer voraus, der mit ausreichender Mehrheit zustande gekommen ist. Diesem muss ein gültiges Willensbildungsverfahren zugrunde liegen. Ohne Beschlussfassung unter Einbindung der anderen Wohnungseigentümer kann ein einzelner Wohnungseigentümer, der die Mehrheit der Liegenschaftsanteile hält, den Verwaltungsvertrag im Alleingang nicht wirksam kündigen (5 Ob 238/09z).

Beispiel

An einer Liegenschaft ist Wohnungseigentum begründet. Der Mehrheitseigentümer ist mit dem in seinen Augen zu wenig devot agierenden Verwalter unzufrieden. Spontan übermittelt er dem Verwalter ein Schreiben, mit welchem er fristgerecht die ordentliche Kündigung zum Ende der Abrechnungsperiode ausspricht. Die anderen Wohnungseigentümer hat er mit dieser Frage in keiner Weise befasst. Wozu auch? Wenn er ohnehin der Mehrheitseigentümer ist? Der Verwalter akzeptiert die „Aufkündigung" nicht. Er ruft das Gericht an, beantragt die Feststellung der Unwirksamkeit der Kündigung und gewinnt das Verfahren. Das Gericht spricht aus, dass ohne vorangegangenes Willensbildungsverfahren ein Mehrheitseigentümer den Verwaltungsvertrag nicht wirksam aufkündigen kann. Der Mehrheitseigentümer hätte den anderen Wohnungseigentümern die Gelegenheit zur Stellungnahme einräumen müssen. Eine Beschlussfassung im Sinne des WEG liegt nicht vor. Der Verwalter musste die „Aufkündigung" daher nicht gegen sich gelten lassen (5 Ob 238/09z).

Hat hingegen ein bloß fehlerhaftes Willensbildungsverfahren zur Frage der Aufkündigung stattgefunden (z.B. Umlaufbeschluss mit zu knapper Überlegungsfrist), gelten Mängel in der Beschlussfassung als „saniert", wenn keine Beschlussanfechtung durch einzelne Wohnungseigentümer erfolgt. Ein unangefochten gebliebener Mehrheitsbeschluss der Eigentümergemeinschaft hinsichtlich der Verwalterkündigung ist jedenfalls wirksam. Der Verwalter kann (formale) Mängel in der Willensbildung der Eigentümergemeinschaft nicht gerichtlich geltend machen (5 Ob 172/05p). Er muss die Kündigung des Verwaltungsvertrages in solchen Fällen hinnehmen.

Aber selbst ein Mehrheitsbeschluss, der noch nicht rechtskräftig geworden ist, weil ein anderer Wohnungseigentümer ihn wegen behaup-

Beispiel

In einer Eigentümerversammlung sprechen sich sämtliche erschienenen Wohnungseigentümer für die (ordentliche) Aufkündigung des (unbefristeten) Verwaltungsvertrages aus. Sie verfügen gemeinsam nicht über die Mehrheit der Anteile, weshalb sie die Willensbildung im additiven Ermittlungsverfahren fortsetzen. Auf diese Weise geben schließlich auch alle anderen Wohnungseigentümer ihre Zustimmungserklärungen zur Verwalterkündigung ab. Nun wird der Verwalter von der Beschlussfassung über die Kündigung informiert. Der Verwalter ist mit der Kündigung nicht einverstanden. Er beantragt bei Gericht Feststellung der Unwirksamkeit der Kündigung und argumentiert damit, dass es Fehler in der Willensbildung gegeben habe. Das Protokoll über die Eigentümerversammlung sei zwar allen Wohnungseigentümern zugeschickt worden, einen Hausanschlag über das endgültige Beschlussergebnis habe es jedoch nicht gegeben. Der Verwalter verliert das Verfahren. Das Gericht spricht aus, dass dem Verwalter kein Recht zur formalen Anfechtung des Beschlusses über seine Kündigung zukommt. Eine solche Anfechtung kann nur durch einzelne Wohnungseigentümer erfolgen (5 Ob 172/05p). Die Unterlassung des Hausanschlages bewirkt überdies nur, dass die Frist zur Beschlussanfechtung nicht zu laufen beginnt. Nachdem sich im vorliegenden Fall sogar sämtliche Wohnungseigentümer für die Kündigung ausgesprochen hatten, war eine Anfechtung einzelner Wohnungseigentümer wegen eventueller sonstiger Mängel auch nicht mehr zu erwarten.

teter formaler Mängel angefochten hat, ist sofort vollziehbar und bewirkt die Rechtswirksamkeit der ausgesprochenen Kündigung. Jedenfalls dann, wenn die Eigentümergemeinschaft schon einen neuen Verwalter bestellt hat, muss sich der frühere Verwalter jeder Tätigkeit für das neue Verwaltungsjahr enthalten. Für den Fall, dass der Beschlussanfechtung des Wohnungseigentümers stattgegeben wird und sich die Kündigung nachträglich als unwirksam erweist, kann der Verwalter für das neue Verwaltungsjahr Honoraransprüche gegen die Eigentümergemeinschaft geltend machen (5 Ob 228/09d).

Die Entscheidung über die (ordentliche oder außerordentliche) Kündigung des Verwalters im Innenverhältnis der Eigentümergemeinschaft muss dem Verwalter zur Kenntnis gebracht werden, damit sie wirksam wird (5 Ob 115/05f). Für diese Ausübung der Kündigung ist zwar keine besondere Form einzuhalten (5 Ob 179/11a), zweckmäßigerweise sollten dem Verwalter die Urkunden über den Mehrheitsbeschluss aber in nachweisbarer Form übermittelt werden.

Beispiel

Die XY Hausverwaltung GesmbH verwaltet eine Wohnungseigentumsanlage seit über dreißig Jahren. Mit Umlaufbeschluss entscheiden die Wohnungseigentümer mit ausreichender Mehrheit für die (ordentliche) Kündigung des Verwaltungsvertrages zum Ende der Abrechnungsperiode. Noch vor Ablauf der Beschlussanfechtungsfrist wird der XY Hausverwaltung GesmbH gegenüber die Kündigung ausgesprochen und mit einem weiteren Umlaufbeschluss ein neuer Verwalter bestellt. Kurz darauf beantragt einer der Wohnungseigentümer, Herr X., beim Außerstreitrichter die Aufhebung des Kündigungsbeschlusses wegen formaler Mängel. Die XY Hausverwaltung GesmbH stellt sich auf den Standpunkt, dass die Aufkündigung mangels rechtskräftigem Mehrheitsbeschluss nicht wirksam ist. Das Gericht spricht aus, dass die XY Hausverwaltung GesmbH an den Kündigungsbeschluss der Eigentümergemeinschaft gebunden ist. Sollte Herr X. mit seiner Beschlussanfechtung allerdings durchdringen, kann die XY Hausverwaltung GesmbH Honoraransprüche für das neue Verwaltungsjahr gegen die Eigentümergemeinschaft geltend machen (5 Ob 228/09d).

Eine ordentliche Kündigung hat überdies immer fristgerecht zu erfolgen. Da für die Rechtzeitigkeit der Kündigung immer das Einlangen beim Kündigungsgegner maßgebend ist, ist es ratsam, eine ordentliche Kündigung dem Verwalter mittels Rückscheinsendung per Post zukommen zu lassen. Es reicht aus, wenn ein einzelner Wohnungseigentümer dem Verwalter den Kündigungsbeschluss übermittelt (5 Ob 179/11a). Liegt ein entsprechender Mehrheitsbeschluss vor, muss also nicht eigens noch ein Kündigungsschreiben von der Mehrheit der Wohnungseigentümer unterzeichnet werden.

Das Einlangen ist für die Rechtzeitigkeit der ordentlichen Kündigung maßgebend

Beispiel

In einer Eigentümerversammlung im August 2023 beschließt die Mehrheit der Wohnungseigentümer (nach Anteilen), den Verwalter zu Ende der Abrechnungsperiode (31.12.2023) zu kündigen. Der Verwalter wurde zur Versammlung nicht geladen. Einer der Wohnungseigentümer, Herr X., war Initiator dieser Abstimmung. Herr X. verständigt alle Wohnungseigentümer durch Zusendung des Protokolls und Hausanschlag über den Kündigungsbeschluss. Eine Kopie des Protokolls übermittelt er fristgerecht dem Verwalter. Der Verwalter will die Kündigung nicht akzeptieren. Er begehrt bei Gericht die Feststellung der Unwirksamkeit der Kündigung und argumentiert damit, dass die Kündigungserklärung ihm gegenüber weder von der Anteilsmehrheit noch von einem Eigentümervertreter i.S. des § 22 WEG abgegeben wurde. Herr X. habe die Kündigung als eine Art „Hausvertrauensmann" ausgesprochen. Diesem komme jedoch keine Vertretungsbefugnis für die Eigentümergemeinschaft zu, weshalb die Kündigung nicht wirksam ausgeübt worden sei. Der Verwalter verliert das Verfahren. Das Gericht spricht aus, dass das Ergebnis der internen Entscheidungsfindung und damit die nach außen gerichtete Willenserklärung der Wohnungseigentümer bereits in deren Beschlüssen zum Ausdruck kommt. Die Verständigung des Verwalters vom Kündigungsbeschluss ist zwar Voraussetzung für das Wirksamwerden der Aufkündigung, diese kann aber grundsätzlich formfrei erfolgen. Es genügt, wenn ein einzelner Wohnungseigentümer den Verwalter über den Kündigungsbeschluss in Kenntnis setzt (5 Ob 179/11a).

Ordentliche Kündigung (§ 21 Abs. 1 und 2 WEG)

Die (ordentliche) Kündigung des Verwaltervertrages steht sowohl der Eigentümergemeinschaft als auch dem Verwalter zu. Das Vorliegen eines Kündigungsgrundes ist dazu nicht erforderlich.

Damit unterjährige Abrechnungen und sonstige Schwierigkeiten bei der Übergabe der Verwaltung möglichst vermieden werden, hat eine ordentliche Kündigung des Verwaltungsvertrages immer zum Ende einer Abrechnungsperiode zu erfolgen (= Kündigungstermin). Im Regelfall ist die Abrechnungsperiode ident mit dem jeweiligen Kalenderjahr. Kündigungstermin ist somit für gewöhnlich ein 31. Dezember.

Beim unbefristeten Verwaltungsvertrag kann zum Ende jeder Abrechnungsperiode gekündigt werden. Beim befristeten Verwaltungsvertrag kann die Kündigung hingegen frühestens nach Ablauf von drei Jahren der Vertragsdauer zum Ende der darauf folgenden Abrechnungsperiode erfolgen. Im Regelfall also frühestens zum 31.12. des vierten Jahres.

Ansonsten enden befristete Verwaltungsverträge mit Ablauf der vereinbarten Dauer, ohne dass es einer Aufkündigung bedarf. Es kann mit Befristungsablauf allerdings zu einer stillschweigenden Verlängerung (Umwandlung in einen unbefristeten Verwaltungsvertrag) kommen (► Seite 184).

Fristen/Termine bei ordentlicher Kündigung

Unbefristeter Verwaltungsvertrag

- Kündigungsfrist: drei Monate
- Kündigungstermin: Ende jeder Abrechnungsperiode (im Regelfall der 31.12. jedes Jahres)

Befristeter Verwaltungsvertrag

- Kündigungsfrist: drei Monate
- Kündigungstermin: Ende einer Abrechnungsperiode, frühestens aber das nach Ablauf von drei Jahren Vertragsdauer liegende Ende einer Abrechnungsperiode (im Regelfall der 31.12. des vierten Jahres). Danach kann zum Ende jeder Abrechnungsperiode gekündigt werden.

Beispiel: Unbefristeter Vertrag

Eine Wohnungseigentumsanlage wurde am 5.2.2023 erstmalig bezogen. Zum Verwalter wurde die XY Hausverwaltungs GmbH auf unbestimmte Zeit bestellt. Als Abrechnungsperiode ist das jeweilige Kalenderjahr vereinbart. Mehrere Wohnungseigentümer möchten schon bald einen anderen Verwalter. Sie berufen im August 2023 eine Eigentümerversammlung ein. Abgestimmt soll über eine Verwalterkündigung zum 31.12.2023 werden. Den Verwalter laden sie zur Versammlung nicht ein. Kommt ein Beschluss mit ausreichender Mehrheit zustande, muss dieser dem Verwalter vor dem 1.10.2023 zugestellt werden, damit die Kündigung fristgerecht erfolgt.

Die Kündigungsfrist beträgt 3 Monate

Für die Kündigung von unbefristeten wie auch befristeten Verwaltungsverträgen muss stets eine Kündigungsfrist von drei Monaten eingehalten werden. Maßgeblich für die Rechtzeitigkeit einer Kündigung ist immer deren Einlangen (spätestens drei Monate vor dem Kündigungstermin) beim Kündigungsgegner.

Eine fristwidrige (verspätete) Kündigung des Verwaltungsvertrages gilt grundsätzlich als für den nächstmöglichen Kündigungstermin ausgesprochen, sofern der Kündigungsgegner sich mit dem früheren Termin nicht einverstanden erklärt. Langt die Kündigung des Verwaltungsvertrages durch die Eigentümergemeinschaft verspätet beim Verwalter ein, ist diesem daher prinzipiell auch für die folgende Abrechnungsperiode das vereinbarte Honorar zu bezahlen – außer, es liegen die Vorausset-

Beispiel: Befristeter Vertrag

Zum Verwalter einer Wohnungseigentumsanlage wurde die XY Hausverwaltungs GmbH ab 1.1.2021 bestellt. Der Verwaltungsvertrag wurde auf fünf Jahre (bis 31.12.2025) befristet abgeschlossen. Abrechnungsperiode ist das jeweilige Kalenderjahr. Die meisten Wohnungseigentümer sind unzufrieden mit dem Verwalter. Die Befristung eines Verwaltungsvertrages auf fünf Jahre ist zulässig. Die Eigentümergemeinschaft hat aber jedenfalls nach Ablauf von drei Jahren Vertragsdauer das Recht, vorzeitig zu kündigen. Eine vorzeitige (ordentliche) Kündigung des Verwaltervertrages ist in diesem Bespiel frühestens zum 31.12.2024 rechtmäßig. Die Kündigung (der Mehrheitsbeschluss) muss vor dem 1.10.2024 beim Verwalter einlangen.

zungen für eine außerordentliche Kündigung vor (► Seite 180) und die ordentliche Kündigung wurde bloß als das „gelindere Mittel" gewählt.

Der Verwalter hat keinen Anspruch auf Ausübung seiner Tätigkeit

Nach aktueller Rechtsprechung des Obersten Gerichtshofes (5 Ob 98/12s; 5 Ob 110/12f) hat der Verwalter grundsätzlich keinen Anspruch auf Ausübung seiner Tätigkeit. Entzieht ihm die Eigentümergemeinschaft seine Vollmacht auf Basis eines gültigen Mehrheitsbeschlusses und beharrt sie auf Unterlassung seiner Tätigkeit, hat er die Verwaltungsagenden unverzüglich abzugeben (5 Ob 144/19s). Entzieht ihm die Eigentümergemeinschaft seine Vollmacht rechtswidrig, z.B. in Zusammenhang mit einer verspäteten Kündigung, hat er freilich Anspruch auf sein Honorar bis zum Ende des regulären Kündigungstermins.

Eine verspätet zugestellte Kündigung ist rechtlich zunächst als Angebot zu einer einvernehmlichen Beendigung des Verwaltungsvertrages zu werten. Akzeptiert der Kündigungsgegner die verspätete Kündigung, gibt es kein Problem. Dann ist der Verwaltungsvertrag einvernehmlich

Beispiel: Kündigung durch Eigentümergemeinschaft

Die XY Hausverwaltungs GesmbH ist unbefristet zum Verwalter einer Wohnungseigentumsanlage bestellt. Ein Wohnungseigentümer, Herr X., hat Gespräche mit anderen Hausverwaltungen geführt. Es liegt ihm nun das sehr kostengünstige Offert der Z Hausverwaltungs KEG vor. Herr X. kann zunächst informell andere Wohnungseigentümer davon überzeugen, die Hausverwaltung aus Kostengründen zu wechseln. Schließlich kommen zwei gültige Umlaufbeschlüsse zustande. Der eine Beschluss lautet auf Kündigung des Verwaltungsvertrages mit der XY Hausverwaltungs GesmbH zum Ende der Abrechnungsperiode am 31.12.2023, der andere auf Bestellung der Z Hausverwaltungs KEG (Annahme des vorliegenden Offertes) mit Beginn der nächsten Abrechnungsperiode. Am 2.10.2023 schickt Herr X. die Unterlagen, aus denen die jeweiligen Beschlussfassungen hervorgehen, an die XY Hausverwaltungs GesmbH und die Z Hausverwaltungs KEG. Die Kündigung wurde der XY Hausverwaltungs GesmbH also verspätet zugestellt. Damit ist klar, dass der XY Hausverwaltungs GesmbH auch im Jahr 2024 Honorar zu bezahlen sein wird. Gelingt es nicht, aus dem Vertrag mit der Z Hausverwaltungs KEG auszusteigen, wird diese die Verwaltungsagenden mit Jahresbeginn übernehmen. Das Honorar muss die Eigentümergemeinschaft dann beiden Hausverwaltungen bezahlen.

Beispiel: Kündigung durch Hausverwalter

Mit Schreiben vom 2.10.2022 an alle Wohnungseigentümer spricht die XY Hausverwaltungs GesmbH die Kündigung des unbefristeten Verwaltungsvertrages zum Ende der Abrechnungsperiode (31.12.2022) aus. Die Wohnungseigentümer schaffen es noch im November 2022, einen gültigen Mehrheitsbeschluss zu fassen, der auf die Bestellung der Z Hausverwaltungs KEG ab dem Beginn der nächsten Abrechnungsperiode lautet. Die XY Hausverwaltungs GesmbH wird davon in Kenntnis gesetzt, stellt sich nun aber plötzlich auf den Standpunkt, ihre (eigene) Aufkündigung des Verwaltungsvertrages sei verspätet ausgesprochen worden und daher unwirksam. Für das Folgejahr sei nun doch die XY Hausverwaltungs GesmbH mit der Verwaltung der Liegenschaft betraut. Vom Gericht wird schließlich entschieden, dass die fristwidrige Aufkündigung des Verwaltungsvertrages durch die XY Hausverwaltungs GesmbH als Angebot zu einer einvernehmlichen Vertragsbeendigung zu werten ist, welches von der Eigentümergemeinschaft durch Bestellung eines neuen Verwalters schlüssig angenommen wurde. Der Verwaltungsvertrag wurde somit einvernehmlich zum 31.12.2022 aufgelöst.

zum gewünschten Termin aufgelöst worden. Seitens der Eigentümergemeinschaft kann ein solches Angebot auch schlüssig angenommen werden (5 Ob 221/11b).

Hinweis

Auch bei einer Beschlussfassung über die Kündigung des Verwalters sind die Regelungen über den Stimmrechtsausschluss (► Seite 88) zu beachten. Falls ein Wohnungseigentümer der Liegenschaft zum Verwalter bestellt wurde, hat dieser – im Gegensatz zum „Nur-Verwalter" – zwar das Recht zur Teilnahme an der Eigentümerversammlung, bei der Beschlussfassung steht ihm aber kein Stimmrecht zu. Eine gesetzliche Sonderregelung besteht zugunsten gemeinnütziger Bauvereinigungen. Solange eine gemeinnützige Bauvereinigung eine Anlage verwaltet, an der sie selber noch die Mehrheit der Anteile hält, sind die Regelungen über den Stimmrechtsausschluss außer Kraft gesetzt (§ 19a Abs. 4 WGG). Die GBV kann dann nur nach einer gerichtlichen Abberufung wegen grober Pflichtverstöße nicht mehr Verwalter der Anlage sein (► Seite 180).

Außerordentliche Kündigung (§ 21 Abs. 3, 1. Fall WEG)

Sowohl ein unbefristeter als auch ein befristeter Verwaltungsvertrag kann von der Eigentümergemeinschaft bei Vorliegen eines wichtigen Grundes mit sofortiger Wirkung beendet werden (außerordentliche Kündigung). Im Gesetzestext wird nur das Recht der Eigentümergemeinschaft zur außerordentlichen Kündigung erwähnt. Die Rechtsprechung gesteht die außerordentliche Kündigung aus wichtigen Gründen aber auch dem Verwalter zu (5 Ob 306/02i).

Ohne Frist und Termin kann nur aus wichtigem Grund gekündigt werden

Voraussetzung für eine außerordentliche Kündigung der Eigentümergemeinschaft ist immer, dass ihr die Fortsetzung des Vertragsverhältnisses bis zur regulären Beendigungsmöglichkeit (ordentliche Kündigung bzw. Befristungsablauf) wegen eines wichtigen Grundes nicht zumutbar ist. Zur Beurteilung ist vom Gericht stets eine Abwägung der Auflösungsinteressen der Eigentümergemeinschaft gegen die Bestandinteressen des Verwalters vorzunehmen und eine Zukunftsprognose zu erstellen (5 Ob 115/09m).

Als wichtiger Grund für die sofortige Beendigung des Verwaltungsvertrages kommt vor allem eine grobe Pflichtverletzung des Verwalters in Betracht (z.B. beharrliche Vernachlässigung von Instandhaltungspflichten, wodurch der Eigentümergemeinschaft ein Schaden entsteht; 5 Ob 293/07k). Der wichtige Grund kann aber auch darin bestehen, dass der Verwalter wegen einer Erkrankung für längere Zeit nicht in der Lage sein wird, die geschuldete Leistung zu erbringen. Auch eine strafgerichtliche Verurteilung des Verwalters kann eine außerordentliche Kündigung rechtfertigen, wenn die Vertrauenswürdigkeit des Verwalters durch das Delikt ernstlich infrage steht. Dies unabhängig davon, ob das Delikt mit der konkreten Liegenschaftsverwaltung in Zusammenhang steht oder nicht.

Nach aktueller Rechtsprechung (5 Ob 98/12s; 5 Ob 110/12f) beendet eine außerordentliche Kündigung durch die Eigentümergemeinschaft den Verwaltungsvertrag aber selbst dann, wenn kein ausreichender Grund dafür vorliegt.

Der gültig erklärte Wille der Eigentümergemeinschaft auf sofortige Beendigung des Verwaltungsvertrages ist vom Verwalter zu akzeptieren. Der Verwalter hat kein Recht auf eine weitere Ausübung seiner Tätigkeit. Unterlagen und Guthaben sind herauszugeben. Im Falle einer solchen zwar rechtswirksamen aber nicht rechtmäßigen Kündigung steht dem Verwalter allerdings der Honoraranspruch bis zu jenem Zeitpunkt zu, zu dem der Verwaltungsvertrag regulär hätte beendet werden können.

Als grobe Pflichtverletzung des Verwalters gelten Verhaltensweisen, die nach allgemeiner Verkehrsauffassung so gewichtig sind, dass die

Beispiel

Die XY Hausverwaltungs GesmbH wird am 1.1.2021 befristet auf fünf Jahre zum Verwalter einer Wohnungseigentumsanlage bestellt. Am 15.11.2022 beschließen die Wohnungseigentümer mit ausreichender Mehrheit die außerordentliche Kündigung des Verwaltungsvertrages wegen vermeintlicher Pflichtverstöße des Verwalters. Ein Schreiben mit den Unterlagen zum Kündigungsbeschluss wird der XY Hausverwaltungs GesmbH am 21.12.2022 zugestellt. Die XY Hausverwaltungs GesmbH ist mit der Kündigung nicht einverstanden. Sie ruft das Gericht an und beantragt die Feststellung der Unwirksamkeit der Kündigung. Die XY Hausverwaltungs GesmbH begründet dies damit, dass die behaupteten Pflichtverstöße nicht vorlägen und die Voraussetzungen für eine außerordentliche Kündigung somit fehlten. Die XY Hausverwaltungs GesmbH verliert das Verfahren. Das Gericht spricht aus, dass im Verfahren über eine Kündigungsanfechtung nur die Rechtswirksamkeit der Kündigung zu prüfen ist. Diese liegt hier vor, weil die Kündigung auf einem gültigen Mehrheitsbeschluss basiert. Die rechtswirksame außerordentliche Kündigung beendet den Verwaltungsvertrag selbst dann, wenn kein wichtiger Grund vorliegt. Das Vorliegen eines wichtigen Grundes ist im Verfahren über eine Kündigungsanfechtung (Außerstreitverfahren) nicht zu prüfen. Der Verwalter hat kein Recht auf weitere Ausübung seiner Tätigkeit. Für den Fall einer außerordentlichen Kündigung ohne wichtigen Grund wird diese hinsichtlich des Verwalterentgelts aber wie eine ordentliche Kündigung zum nächstmöglichen Termin zu behandeln sein. Der Verwalter behält dann seinen Honoraranspruch bis zu jenem Zeitpunkt, zu dem der Verwaltungsvertrag mit ordentlicher Kündigung hätte beendet werden können. Klagt der Verwalter seinen Honoraranspruch ein, wird vom Gericht als Vorfrage zu prüfen sein, ob ein wichtiger Grund für die außerordentliche Kündigung gegeben war oder nicht (5 Ob 110/12f). Stellt sich in einem Folgeprozess heraus, dass keine ausreichenden Gründe für die außerordentliche Kündigung des Verwaltungsvertrages gegeben waren, muss die Eigentümergemeinschaft dem Verwalter trotz Beendigung des Vertrages das Honorar bis 31.12.2023 bezahlen. Das wäre der frühestmögliche Termin für eine ordentliche Kündigung beim befristeten Vertrag gewesen.

Wahrnehmung der Interessen der Wohnungseigentümer nicht mehr gesichert ist. Mehrere Pflichtwidrigkeiten, die für sich allein als geringfügig zu betrachten wären, können insgesamt die Schwelle zum wichtigen Grund für die außerordentliche Kündigung überschreiten (5 Ob 115/09m).

Was als grobe Pflichtverletzung gilt

Gerichte stellen zur Frage, ob eine Pflichtverletzung des Verwalters als „grob" anzusehen ist, immer auf die Umstände des konkreten Einzelfalles ab. So kann sich z.B. die Verletzung der Pflicht des Verwalters zur Offenlegung eines Naheverhältnisses zu einer Person, mit der ein Rechtsgeschäft abgeschlossen werden soll (§ 20 Abs.4 WEG), je nach der Schwere des Einzelfalles noch als geringfügige oder bereits als grobe Pflichtverletzung erweisen. Das Unterlassen der Erstellung einer Vorausschau (§ 20 Abs. 2 WEG) und die Verzögerung der Bildung einer Rücklage (§ 31 WEG) stellen an und für sich keine geringfügigen Pflichtverletzungen dar, besondere Umstände können ein grobes Verschulden im Einzelfall aber ausschließen. Solche besonderen Umstände können z.B. darin bestehen, dass der Verwalter immerhin eine mündliche Information über die anstehenden Sanierungsarbeiten gegeben hat und die Wohnungseigentümer eine entsprechende Sondervorschreibung zur Rücklage nicht bezahlt haben (5 Ob 52/99d).

In folgenden Fällen wurde vom Gericht das Vorliegen einer groben Pflichtverletzung bejaht:

- eigenmächtige Anschaffung zweier Hofleuchten (Verbesserungsmaßnahme) durch den Verwalter und Aufteilung der diesbezüglichen Kosten auf die Wohnungseigentümer (5 Ob 67/88)
- qualifizierte [= schwere] Buchungsfehler des gewerblichen Verwalters in der Jahresabrechnung, etwa die Aufnahme eines Betrages von 30.715,20 öS [rund 2.232 €] statt richtig 3.712 öS [rund 270 €]; oder die Buchung des Fünffachen des richtigen Rechnungsbetrages für die Grundsteuer etc. (5 Ob 100/89)
- verspätete und wegen ihrer Unzulänglichkeit praktisch unüberprüfbare Jahresabrechnungen (5 Ob 1052/91)
- beharrliche Vernachlässigung von Instandhaltungspflichten, die dazu führte, dass ein Wasserrohrbruch im Hof der Liegenschaft mehr als ein Jahr lang unbemerkt blieb, obwohl der enorme Wasserverlust dem Verwalter hätte auffallen müssen (5 Ob 293/07k)

- Weigerung des Verwalters mit (behördlichem) Sachbeschluss aufgetragene Erhaltungsarbeiten durchzuführen (LGZ Wien 38 R 21/21a)
- das Unterlassen der Rechnungslegung sowie der Einholung von Kostenvoranschlägen vor der Vergabe von Aufträgen, selbst wenn dadurch kein Schaden eingetreten ist (5 Ob 2108/96b)
- Nichtzahlung von Versicherungsprämien, wodurch die Liegenschaft zwei Jahre lang ohne Versicherungsschutz war (LGZ Wien, 40 R 126/04g)
- wiederholte Nichtbezahlung von berechtigten Professionistenrechnungen, die zur Klagsführung gegen die Eigentümergemeinschaft führte, sowie die Nichtzahlung von Wassergebühren, Grundsteuer und Versicherungsprämien, die zur Leistungsfreiheit des Versicherers geführt hat (LGZ Wien, 39 R 437/00d)

In folgenden Fällen wurde vom Gericht das Vorliegen einer groben Pflichtverletzung verneint:

- Die Unterlassung der Einholung mehrerer Anbote vor der Beauftragung eines Professionisten stellt keine grobe Pflichtverletzung dar, wenn auch die nachträgliche Einholung von Anboten zu keinen anderen Preisen führt (5 Ob 90/88)
- Unterlassung der Erstellung einer Vorausschau, weil nennenswerte Erhaltungs- und Verbesserungsarbeiten nicht anstehen (LGZ Wien, 48 R 208/94)
- überhöhte Kreditaufnahme zur Finanzierung dringender Erhaltungsarbeiten ohne Mehrheitsbeschluss (5 Ob 65/09h)
- Abrechnungsfehler, die geringfügig sind und nicht wider besseres Wissen oder grob schuldhaft erfolgen (LGZ Graz, 3 R 316/92)
- Weigerung, die Stellungnahme eines Wohnungseigentümers zu einer Aussendung des Haussprechers im Anschlagkasten auszuhängen (5 Ob 2066/96a)
- unterlassene Nachforschungen darüber, ob ein Wohnungseigentümer Bauarbeiten in seinem Objekt durch einen Professionisten oder Pfuscher durchführen ließ – der Verwalter ist zu solchen Nachforschungen nicht verpflichtet (LGZ Wien, 41 R 30/08b)

Gerichtliche Auflösung des Verwaltungsvertrages (§ 21 Abs. 3, 2. Fall WEG)

Neben der Kündigung durch die Eigentümergemeinschaft gibt es für jeden Wohnungseigentümer die Möglichkeit, die Auflösung des Verwaltungsvertrages durch den Außerstreitrichter zu beantragen. Die Befugnis dazu besteht aber nicht bei jedem wichtigen Grund, sondern nur bei grober Pflichtverletzung des Verwalters.

Dieses Minderheitsrecht steht dem einzelnen Wohnungseigentümer selbst dann zu, wenn die Eigentümermehrheit dem Verwalter ihr Vertrauen ausgesprochen hat (5 Ob 244/12m). Gibt das Gericht dem Antrag statt, endet der Verwaltungsvertrag, sobald der Gerichtsbeschluss rechtskräftig wird. Ein vom Gericht abberufener Verwalter kann nicht neuerlich zum Verwalter bestellt werden. Dieses Bestellungsverbot bezieht sich auch auf Umgehungsgeschäfte (5 Ob 133/92). Es gilt also auch dann, wenn zwar formell eine andere Person zum neuen Verwalter bestellt wird, dem abberufenen Verwalter jedoch ein erheblicher Einfluss auf die Verwaltung erhalten bliebe.

Der abberufene Verwalter kann nicht neuerlich bestellt werden

Der Antrag auf Abberufung des Verwalters kann, muss aber nicht mit einem Antrag auf Bestellung eines neuen Verwalters durch das Gericht verbunden werden.

Befristungsablauf; stillschweigende Verlängerung des Verwaltungsvertrages

Erfolgt keine vorzeitige Aufkündigung, endet ein befristeter Verwaltungsvertrag mit Ablauf der vereinbarten Dauer. Einer Kündigung bedarf es dazu nicht. Dennoch sollten die Wohnungseigentümer nicht untätig bleiben, sondern sich rechtzeitig überlegen, wie es mit der Verwaltung der Liegenschaft weitergehen soll. Angebote anderer Verwalter sollten

Hinweis

Die in § 21 WEG geregelten Kündigungsrechte der Eigentümergemeinschaft und das Minderheitsrecht der einzelnen Wohnungseigentümer stellen sogenanntes zwingendes Recht dar, das im Vorhinein – durch Klauseln in einem Verwaltungsvertrag – nicht wirksam eingeschränkt oder ausgeschlossen werden kann.

eingeholt und verglichen werden. Vielleicht ist ja auch der bisherige Verwalter bereit, die Verwaltung der Liegenschaft künftig zu günstigeren Konditionen zu besorgen.

Bleiben die Wohnungseigentümer passiv, kann es zur stillschweigenden Vertragsverlängerung kommen (= Umwandlung in einen unbefristeten Verwaltungsvertrag, § 21 Abs. 6 WEG). Und zwar dann, wenn der Verwalter seine Verwaltertätigkeit über den vereinbarten Endtermin hinaus einfach fortsetzt und sich zumindest die Mehrheit der Wohnungseigentümer weiterhin vertragskonform verhält (Einzahlung der monatlichen Vorschreibungen etc.).

Der Verwaltungsvertrag kann sich stillschweigend verlängern

Ein solcher stillschweigend verlängerter Verwaltungsvertrag ist jedenfalls ein unbefristeter Vertrag, der mit dreimonatiger Frist zum Ende jeder Abrechnungsperiode gekündigt werden kann (§ 21 Abs. 6 WEG).

Selbstverständlich kann zwischen der Eigentümergemeinschaft und dem Verwalter nach Ablauf der Befristungsdauer eine Verlängerung des Verwaltungsvertrages auf unbestimmte Zeit auch ausdrücklich vereinbart werden.

Rechtsfolgen der Vertragsbeendigung

Mit Beendigung des Verwaltungsvertrages ist der Verwalter zu weiteren Verwaltungsagenden weder berechtigt noch verpflichtet. Er hat auch keinen Entgeltanspruch mehr (5 Ob 228/09d). Offene Honorarforderungen aus der Zeit vor der Vertragsbeendigung bleiben davon unberührt. Diese unterliegen aber der Verjährungsfrist von drei Jahren ab ihrer Fälligkeit.

Wurde der Verwaltungsvertrag von der Eigentümergemeinschaft rechtswidrig beendet bzw. dem Verwalter die Vollmacht rechtswidrig entzogen, bleibt sein Honoraranspruch aufrecht, wenn er leistungsbereit ist. Er müsste (z.B. per Rundschreiben) aussprechen, dass er die Beendigung nicht akzeptiert, der Vertrag aus seiner Sicht aufrecht bleibt und er die Geschäfte wie bisher auch weiterhin besorgen möchte. In diesem Fall muss sich der Verwalter auf seinen Entgeltanspruch aber anrechnen lassen, was er sich durch die Nichtausübung seiner Tätigkeit erspart hat (5 Ob 207/06m).

Der Verwalter muss eine Schlussabrechnung über die Rücklage für seine gesamte Verwaltungsperiode erstellen (5 Ob 149/10p) und einen sich aus der Abrechnung ergebenden Überschuss sowie die Verwaltungsunterlagen an die Eigentümergemeinschaft (zu Handen des neuen Verwalters) herausgeben. Kommt der Verwalter diesen Verpflichtungen nicht nach, muss die Eigentümergemeinschaft ihre Ansprüche mit Antrag bei Gericht durchsetzen (5 Ob 227/06f).

Wenn die Verwalterbestellung im Grundbuch ersichtlich gemacht wurde, ist die Ersichtlichmachung nach der Beendigung des Verwaltungsvertrages im Grundbuch zu löschen (§ 21 Abs. 4 WEG). Bei Auflösung des Verwaltungsvertrages durch das Gericht wird die Löschung von Amts wegen vorgenommen. Anderenfalls erfolgt die Löschung auf Antrag eines Wohnungseigentümers oder des Verwalters.

Service

Stichwortverzeichnis

Das österreichische Testmagazin

Ihr Ratgeber für den täglichen Einkauf
Jeden Monat mit Tests, Reports und Analysen. Ohne Inserate, deshalb unabhängig von Firmen. Nur dem Leser verpflichtet.

www.konsument.at

Beratung & Konsumentenschutz

Wir beraten Sie vor und nach dem Kauf
Und helfen Ihnen, zu Ihrem Recht zu kommen. In **Musterprozessen** zeigen wir Missstände auf.Besserer Konsumentenschutz ist das Ziel.

www.vki.at

KONSUMENT
TESTSIEGER
K1700101
Produkt

Test-Urteile

Test ist nicht gleich Test
Nur Konsumentenschutzorganisationen wie der VKI prüfen nach international anerkannten Standards. Deshalb ist auf unsere Testergebnisse Verlass. Strenge Qualitätsrichtlinien zeichnen unsere Arbeit aus.

Wir sind für Sie da

Aboservice
Für Fragen zu Ihrem KONSUMENT-Abonnement, für Adressänderungen sowie für Buchbestellungen wählen Sie Tel. 01 588 774 (Mo–Do 9–16 Uhr, Fr 9–14 Uhr)

Beratung
Die ExpertInnen unseres Beratungszentrums sind unter Tel. 01 588 77-0 erreichbar (Mo–Fr 9–13 Uhr)

Persönliche Beratung
Wien: Mariahilfer Straße 81, Tel. 01 588 77-0
(Terminvereinbarung, Mo – Do 9–16 Uhr)
Innsbruck: Maximilianstraße 9, Tel. 0512 58 68 78
(Mo–Do 8–12 Uhr)

Besuchen Sie uns im Internet www.konsument.at